그리스도 안의
자유

THE FREEDOM IN CHRIST DISCIPLESHIP COURSE (2009) by Neil Anderson and Steve Goss
Participants Guide (ISBN: 978 1 85424 940 1)
Copyright ⓒ Neil T. Anderson and Steve Goss 2009.

The right of Neil T. Anderson and Steve Goss to be identified as authors of this work has been asserted by them in accordance with the Copyright, Designs and Patents Act 1988.

Published by PrayAllTheTime Press
under special permission from
Freedom In Christ Ministries International
4 Beacontree Plaza, Gillette Way
Reading RG2 0BS, UK

This Korean translation Edition ⓒ 2021 by PrayAllTheTime Press, Inc., Seoul, Republic of Korea

본서에 사용한 『성경전서 개역개정판』의 저작권은 재단법인 대한성서공회 소유이며 재단법인 대한성서공회의 허락을 받고 사용하였습니다.

이 한국어판의 저작권은 도서출판 항상기도에 있습니다.
신 저작권법에 의하여 한국 내에서 보호 받는 저작물이므로 무단 전재와 무단 복제를 금합니다.

Freedom in Christ

그리스도 안의 자유

닐 T. 앤더슨 & 스티브 고스

항상기도

서문

새로운 사역의 문을 열며

코로나 팬데믹으로 인한 도전으로 우리는 일찍이 경험하지 못한 변화를 겪고 있다. 2000년대 들어 침체를 겪고 있던 한국교회로서는 더욱 힘든 상황이다. 과거의 구태의연한 사역방식을 벗어나 근본적이고도 혁신적으로 전환을 꾀해야 할 것이다.

한국교회는 그동안 제자훈련 사역에 큰 성과를 얻어 부흥과 성장을 이루어내었지만 90년대 이후 새로운 변화에 적절히 대처하지 못하며 소강상태를 면치 못하고 있다. 이제 더는 우물쭈물 안일하게 대처해서는 안 될 일이다. 급작스럽게 몰아닥친 COVID-19 팬데믹 상황에 움츠리기보다 오히려 기회로 삼아 새로운 변혁을 일구어낸다면 전화위복이 될 수 있을것이다. 그간 변화와 개혁에 소극적이었던 안일함을 내어버리고 팬데믹의 충격을 개혁의 동력으로 전환하는 것이 현명한 일이리라. 이참에 주님이 주신 거친 파도를 슬기롭게 타고 넘어 새로운 미래로 나아가야 한다.

이러한 변화의 일환으로 수년 전에 우연히 소개받아 한국화 작업을 진행하여 왔으나 목회적 현실로 인해 집중하여 발전시키지 못했던 닐 앤더슨 박사의 ***그리스도 안의 자유*** 사역(Freedom in Christ Ministries)을 다시 주목하게 되었다. 코로나 비대면 상황에서 적극적으로 교회사역에 적용하면서 놀라운 은혜와 능력을 경험하게 된 것은 큰 은혜가 아닐 수 없다.

FICM 사역(www.ficminternational.org)은 제자훈련 사역을 혁신적으로 전환했으며 그 내용이 성경적으로 탄탄한 토대를 갖추고 있다. 게다가 지난 30여 년간 여러 나라의 사역 현장에서 검증된 사역이며 유럽과 미국 중심으로 팬데믹 상황에서도 역동적으로 사역을 펼쳐가고 있다. 실제로 교회 사역에 ZOOM을 통한 훈련에 접목해보니, 역동적 영향력과 열매를 누리게 되었다. 발간이 늦어져 국제본부 측에 송구하던 터에, 용기를 내어 지난 수년 동안 운영 경험을 토대로 프로그램을 새롭게 보완 수정하여 우선적으로 두 권의 중요한 교재(**그리스도 안의 자유** 참가자 가이드, ***그리스도 안에서 자유를 위한 7 steps***)를 발간하게 되었다. 함께 워샵하며 수정 보완하고 애써온 아름드리교회 동역자들에게 깊은 고마움을 표한다. 그들의 창의적 아이디어와 협력이 없었다면 이 교재들은 빛을 보지 못했을 것이다. 아울러 함께 과정을 이수하고 피드백을 주었던 아름드리교회 성도들에게도 이 자리를 빌려서 감사의 말씀을 드린다. 모쪼록 이 사역을 통해 팬데믹 상황에 어려움을 겪고 있는 한국교회와 성도들이 풍성한 은혜와 유익을 누리게 되기를 간절히 소망한다.

FICM Korea 대표
아름드리교회 이재천 목사

서문

교재 내용과 목적

그리스도 안의 자유 과정은 모든 성장 여정에 있는 그리스도인을 위한 과정이다.

오랜 신앙 여정을 가지고 있는 분, 최근 예수를 믿게 된 분, 안정적으로 신앙생활하고 있는 분과 답보 상태에 머물고 있는 분 등 모든 단계의 그리스도인들에게 다음과 같은 도움을 주도록 구성되어 있다.

- 한 층 더 높은 차원의 영적 성장을 일구어내기
- 우리의 행동 뒤에 감추어져 있는 거짓 진리를 드러내기
- 개인적이고 영적인 갈등을 해결하기
- 마음을 새롭게 하고 부정적인 사고와 잘못된 행동방식을 끊어내기

본 과정은 어떻게 행동해야 하느냐가 아니라 어떻게 믿어야 하느냐에 초점을 맞추고 있다. 그리스도께서 우리를 이미 자유하게 하셨고(갈5:1), 우리에게 필요한 모든 것을 부여하셨다(벧후1:3). 다만 때때로 그것을 느끼지 못할 뿐이다. 많은 그리스도인들이 하나님께서 그들에게 주신 놀라운 능력과 권세를 누리지 못하고 있다. 아마도 그들은 습관적인 죄와 부정적 사고습관과 두려움과 용서치 못함이나, 혹은 정죄의 문제로 인해 곤경에 처해 답보상태에 있다고 느끼고 있을 것이다. 그러나 한편으로 그들은 진정으로 그러한 문제를 극복하고 자라나 성숙한 자가 되기를 갈망한다. 본

과정은 그러한 사람들에게 그리스도 안에서의 정체성을 깨우치며 놀라운 진리를 붙들고 앞으로 나아가게 도울 것이다. 신앙생활에 생명력있는 놀라운 전환을 경험하게 될 것이다.

본 과정은 죠이선교회에서 번역 출간한 닐 앤더슨의 책『내가 누구인지 이제 알았습니다』,『이제 자유입니다』를 근간으로 만들어졌다. 두 책을 읽고 참고하며 매 과를 공부할 것을 추천한다. 그리고 9과와 10과 사이에 **_그리스도 안에서 자유를 위한 7 steps_**를 밟도록 되어있다. 그것은 영적 삶을 변화시키는 은혜를 맛보는 시간으로 인도할 것이다.

목차

제1부 : 핵심 진리들
- 제1과 : 나는 어디에서부터 왔는가? — 12
- 그리스도 안에서 나는 누구인가? — 18
- 제2과 : 나는 지금 누구인가? — 28
- 나의 아버지 하나님은... — 34
- 제3과 : 진리를 믿기로 선택하기 — 46
- 내가 승리할 수밖에 없는 20가지 이유 — 52

제2부 : 세상, 육신 그리고 마귀
- 제4과 : 진리에 관한 세상의 관점 — 62
- 제5과 : 육신의 정욕 — 68
- 제6과 : **견고한 요새** 부수기 — 74
- 제7과 : 마음의 전쟁 — 80

제3부 : 과거의 묶임으로부터 자유하기
- 제8과 : 감정 다루기 — 90
- 제9과 : 마음으로부터 용서하기 — 96

제4부 : 제자로 성장하기
- 제10과 : 매일 자유 안에서 살아가기 — 106
- **견고한 요새** 부수기 예 1, 2, 3 — 111
- 제11과 : 타인들과 관계 맺기 — 116
- 제12과 : 당신은 어디로 가고 있는가? — 124
- 제13과 : 옳은 길에 머물기 — 130
- 믿음의 삶을 위한 하나님의 가이드라인 — 137

FICM(Freedom In Christ Ministries) 사역소개 — 138
닐 앤더슨의 주요 저서 — 139

제1부

핵심 진리들 :

예수님께서는 우리가 진리를 알면

그 진리가 우리를 자유롭게 할 것이라고 말씀하셨습니다.

1-3과를 통해 우리가 알아야 할 핵심 진리들을 살펴보고,

그리스도인이 된다는 것이 무엇인지를 알아보고자 합니다.

제1과

나는 어디에서부터 왔는가?

> ▷ **핵심 구절**
> "아들이 있는 자에게는 생명이 있고, 하나님의 아들이 없는 자에게는 생명이 없느니라."(요일5:12)
>
> ▷ **목표**
> 아담과 하와의 불순종으로 인해 영적으로 죽은 우리가 어떻게 목적과 안전 그리고 용납에 대한 필요를 갖게 되었는지를 이해한다.
>
> ▷ **핵심 진리**
> 그리스도인이 되기 이전에 우리는 용납 받고, 안전하며, 중요한 존재가 되고 싶은 필요를 채우기 위해 방황을 했다. 하지만 그리스도 안에서 이제 우리는 영적으로 살아서 용납 받고, 안전하며, 소중한 존재인 하나님의 자녀가 되었다.

◈ **들어가기**
둘씩 짝지어 상대방에 대한 정보를 몇 분간 알아봅시다.
그리고 상대에 대해 30초 안에 소개하십시오.

• **당신은 정말 누구인가?**

무엇이 진짜 나를 만들고 있습니까?
나의 몸? 내가 가지고 있는 것? 내가 하는 것? 내가 생각하는 것?

당신은 하나님의 형상으로 창조되었습니다.
하나님은 영이십니다. 그래서 우리 안의 속사람도 영적인 특징이 있습니다. 우리의 몸 즉 겉사람이 하나님의 형상으로 창조되었다는 것이 아닙니다. 우리의 속사람(즉 영혼/

영)이 하나님의 형상으로 창조되어 생각하고, 느끼고 선택할 수 있는 능력을 가졌다는 뜻입니다.

• 우리는 원래 어떻게 존재하도록 창조되었는가?

- 육체적으로 살아가도록
  우리의 영은 우리의 몸과 연합되어 있었습니다.
- 영적으로 살아가도록
  우리의 영은 하나님과 연합되어 있었습니다.

인류의 첫 사람인 아담과 하와는 하나님과 연합되어 있었기에, 다음과 같은 중요한 가치를 소유하고 있었습니다.

1. 중요함(Significance): 하나님은 아담에게 존재 목적을 주셨습니다 – 바다의 물고기와 하늘의 새와 가축과 온 땅과 땅에 기는 모든 것을 다스리는 것입니다(창1:26). 아담은 존재 의미 혹은 인생의 의미를 찾아야 할 필요가 없었고, 그는 이미 그것을 가지고 있었습니다.

2. 안전함(Security): 그는 하나님의 임재 안에서 전적으로 안전하고 안심할 수 있었습니다. 그가 필요한 모든 것은 공급되었고(음식, 거처, 교제관계 등등 모든 것!) 그는 '필요'가 무엇인지 알 필요조차 없었습니다.

3. 용납됨(Acceptance): 아담과 하와는 하나님과 친밀한 인격적 관계를 누렸습니다. 어느 때든 그분과 이야기할 수 있었으며, 온전한 관심과 사랑을 누렸습니다. 하나님은 아담을 위해 하와를 창조하셨습니다(창1:27,28). 아담은 소속감을 가지게 되었는데, 단지 하나님께만이 아니라 하와에게도 속한 소속감이었습니다 – 그들은 하나님께 그리고 서로에게 용납되었고, 그들은 벌거벗었으나 부끄러워하지 않았습니다 – 아무것도 숨길 것이 없었고, 아무것도 가릴 것이 없었습니다. 그들은 하나님의 임재 안에서 서로 친밀한 교제를 가졌습니다.

이것이 당신을 향한 하나님의 원래 계획이었습니다. 진정한 목적, 전적인 안전과 그리고 하나님과 다른 사람들에게 속해 있다는 느낌입니다.

• 죄의 결과 : 영적인 죽음

아담과 하와의 범죄로 인한 영향은 한 마디로 정리하자면 '죽음'입니다. 이들의 영적인 죽음으로 말미암은 영향 중 일부는 다음과 같습니다.

1. 하나님과의 인격적 관계 상실
   "그들의 총명이 어두워지고 그들 가운데 있는 무지함과 그들의 마음이 굳어짐으로 말미암아 하나님의 생명에서 떠나 있도다"(엡 4:18)

2. 부정적인 감정들
   - 두려움과 불안
   - 죄책감과 수치심
   - 거절감
   - 연약함과 무력함
   - 우울과 분노

이와 같은 부정적 감정들을 느끼게 되었습니다.

• 원래의 계획으로 돌아가려는 시도들

세상이 제공하는 방법은 잘못되어 있습니다.

세상은 아담과 하와가 상실한 것들을 회복할 수 있다고 하는 잘못된 방법들을 제시합니다.

업적(Performance) + 성취(Accomplishments) = 중요함(Significance)

신분(Status) + 인정(Recognition) = 안전함(Security)

외모(Appearance) + 칭찬(Admiration) = 용납됨(Acceptance)

"전도자가 이르되 헛되고 헛되며 헛되고 헛되니 모든 것이 헛되도다!" (전 1:2)

율법에 순종하는 것도 효과가 없습니다.

하나님께서는 율법을 자신의 백성들에게 주셨습니다. 그렇지만 이것 역시 아담과 하와가 상실한 것을 회복시킬 수 있는 능력은 없습니다. 율법은 우리의 상황에 대한 철저한 무력함을 깨닫게 하고, 궁극적인 희생제물이신 예수 그리스도를 바라보게 하기 위해 주어졌습니다.

> ◎ **나눔을 위한 질문**
> 사람들은 일반적으로 '중요함, 안전함, 용납됨'에 대한 강한 내적 갈망을 어떻게 해결하려고 합니까? 당신의 경험에서 혹은 다른 사람들의 예를 들어 나누어봅시다.

• 예수님께서 오셔서 하신 일

우리에게 영적 생명을 회복시켜 주심

곤경에 빠진 우리가 하나님과의 관계를 회복하고,
우리의 영혼이 다시 하나님과 연합되어 영적으로 다시 살기 위한 유일한 해결책은
예수님입니다.

"태초에 말씀이 계시니라... 그 안에 생명이 있었으니 이 생명은 사람들의 빛이라." (요1:1-4)
"나는 부활이요 생명이니 나를 믿는 자는 죽어도 살겠고" (요11:25)

아담이 상실한 것은 생명입니다. 예수님께서 오셔서 우리에게 주신 것도 생명입니다.

중요함과 안전함, 그리고 용납됨의 회복

혹 당신은 영생이란 죽을 때 얻게 되는 것이라고 생각하셨습니까? 영생은 그런 생각보다 훨씬 큰 개념입니다. 영생은 지금 여기서 누리는 차원이 다른 삶의 질입니다.

"아들이 있는 자에게는 생명이 있고 하나님의 아들이 없는 자에게는 생명이 없느니라." (요일5:12)
"내가 온 것은 그들이 생명을 얻게 하고, 더 풍성히 얻게 하려는 것이라." (요10:10)

이제 우리의 정체성을 세우기 위해 필요한 중요함과 안전함, 그리고 용납됨은 그리스도 안에서 온전히 채워질 수 있습니다.

◎ **나눔을 위한 질문**

다 함께 '그리스도 안에서 회복된 중요함, 안전함, 용납됨'의 선포문을 읽어봅시다.
각 문장 앞의 괄호에 다음과 같이 표시해 보십시오.

이미 자신의 것으로 소화하여 믿고 행동하고 있는 것은 (○)로
때때로 믿고 행동하지만 때때로 아닌 것은 (△)로
자신이 믿고 행하는 바가 아닌 것은 (X)로 표시하며 점검하여 봅시다.

이 선언문 중 자신에게 감동과 위로가 되었던 부분이 있다면 함께 나누어 봅시다.
아울러 이 점검을 통해 당신이 새롭게 느낀 점이나 깨닫게 된 바를 함께 나누어 봅시다.

♣ **증거하기**

중요함과 안전함과 용납됨이라는 인간 존재의 깊은 필요는 궁극적으로 그리스도 안에서만 충족될 수 있습니다. 이러한 진리를 어떻게 안 믿는 이웃들에게 설명하며 이해하도록 도울 수 있을까요? 기도하면서 이 과에서 배운 내용을 가지고 실천해 보도록 합시다.

♣ **다음 주를 위한 준비**

매일 '그리스도 안에서 회복된 중요함, 안전함, 용납됨'의 선포문을 소리 내어 선포합시다. 그리고 매일 선포하면서 특별히 당신의 마음에 다가오는 진리 하나를 선택하여, 원래 본문의 문맥 속에서 그것을 읽으며, 하나님께서 그 뜻이 무엇인지 충분히 이해할 수 있게 해주시길 구하십시오.

그리스도 안에서 나는 누구인가?

나는 중요하다!

나는 더 이상 쓸모없거나, 적합하지 않거나, 무력하거나, 소망이 없는 사람이 아니다.
나는 예수 그리스도 안에서 진실로 중요하며 특별하다.
하나님께서 말씀하신다.

- ( ) 나는 세상의 소금이며 세상의 빛이다. (마5:13-14)
- ( ) 나는 참 포도나무이신 예수님께 붙어있는 가지이며, 그의 생명의 통로이다. (요15:1,5)
- ( ) 나는 열매를 맺도록 선택되고, 세우심을 받았다. (요15:16)
- ( ) 나는 성령의 능력으로 그리스도의 증인된 사람이다. (행1:8)
- ( ) 나는 하나님의 거룩한 성전이다. (고전3:16)
- ( ) 나는 화목하게 하는 대사이다. (고후5:17-21)
- ( ) 나는 하나님의 동역자이다. (고후6:1)
- ( ) 나는 그리스도와 함께 하늘에 앉아있다. (엡2:6)
- ( ) 나는 선한 일을 하도록 지음 받은 하나님의 작품이다. (엡2:10)
- ( ) 나는 믿음으로 확신을 가지고 하나님께 담대히 나갈 수 있다. (엡3:12)
- ( ) 나는 나에게 능력을 주시는 그리스도 안에서 모든 것을 할 수 있다. (빌4:13)

나는 안전하다!

나는 더 이상 죄책감과 무방비의 상태로 고립되거나 버려지지 않는다.
나는 그리스도 안에서 전적으로 안전하다.
하나님께서 말씀하신다.

- ( ) 나는 정죄로부터 자유하다. (롬8:1-2)
- ( ) 나는 모든 것이 함께 합력하여 선을 이룬다는 것을 확신한다. (롬8:28)
- ( ) 나는 나를 향한 어떠한 참소에도 자유롭다. (롬8:31-34)
- ( ) 나는 하나님의 사랑에서 결코 끊어질 수 없다. (롬 8:35-39)
- ( ) 나는 그리스도 안에서 굳건하게 되고, 기름부음을 받고, 하나님의 소유라고 인치심을 받았다. (고후1:21-22)

(　) 나는 내 안에 착한 일을 시작하신 하나님께서 그 일을 완성하시리라고 확신한다. (빌1:6)
　　(　) 나는 하나님 나라의 백성이다. (빌3:20)
　　(　) 나는 그리스도와 함께 하나님 안에 감추어져 있다. (골3:3)
　　(　) 나는 두려워하는 마음이 아니라, 능력과 사랑과 절제하는 마음을 받았다. (딤후1:7)
　　(　) 나는 도움이 필요할 때에 하나님의 은혜와 긍휼을 받을 수 있다. (히4:16)
　　(　) 나는 하나님께로부터 난 자이기에 마귀는 나에게 손도 대지 못한다. (요일5:18)

나는 완전하게 용납되었다!

나는 더 이상 거부당하거나, 사랑을 받지 못하거나, 더럽지 않다.
하나님께서 나를 완전하게 용납하셨다.
하나님께서 말씀하신다.

　　(　) 나는 하나님의 자녀이다. (요1:12)
　　(　) 나는 예수님의 친구이다. (요15:13-15)
　　(　) 나는 의롭게 되었다. (롬5:1)
　　(　) 나는 예수님과 연합되어 영적으로 하나가 되었다. (고전6:17)
　　(　) 나는 하나님께서 값을 치르고 속죄해 주셨기에, 하나님께 속해있다. (고전6:19-20)
　　(　) 나는 그리스도 몸의 한 지체이다. (고전12:27)
　　(　) 나는 성도로서, 거룩한 자이다. (엡1:1)
　　(　) 나는 하나님의 자녀로 입양되었다. (엡1:5)
　　(　) 나는 한 성령님 안에서 하나님께 바로 나아가게 되었다. (엡2:18)
　　(　) 나는 그리스도 안에서 구속, 곧 나의 모든 죄들을 용서 받았다. (골1:14)
　　(　) 나는 그리스도 예수 안에서 충만하게 되었다. (골2:10)

이제 나는 예수 그리스도 안에서
진실로 중요하고, 전적으로 안전하며, 완전하게 용납되었다.

그리스도 안에서 나는 누구인가? 근거 구절

[나는 중요하다] 근거 구절

마5:13-14
13. 너희는 세상의 소금(the salt of the earth)이니 소금이 만일 그 맛을 잃으면 무엇으로 짜게 하리요 후에는 아무 쓸 데 없어 다만 밖에 버려져 사람에게 밟힐 뿐이니라
14. 너희는 세상의 빛(the light of the world)이라 산 위에 있는 동네가 숨겨지지 못할 것이요

요15:1, 5
1. 나는 참포도나무요 내 아버지는 농부라
5. 나는 포도나무요 너희는 가지라 그가 내 안에(remains in me), 내가 그 안에 거하면 사람이 열매를 많이 맺나니 나를 떠나서는 너희가 아무 것도 할 수 없음이라

요15:16
너희가 나를 택한 것이 아니요 내가 너희를 택하여 세웠나니 이는 너희로 가서 열매를 맺게 하고 또 너희 열매가 항상 있게 하여 내 이름으로 아버지께 무엇을 구하든지 다 받게 하려 함이라

행1:8
오직 성령이 너희에게 임하시면 너희가 권능을 받고 예루살렘과 온 유대와 사마리아와 땅 끝까지 이르러 내 증인이 되리라 하시니라

고전3:16
너희는 너희가 하나님의 성전인 것과 하나님의 성령이 너희 안에 계시는 것을 알지 못하느냐

고후5:17-21
17. 그런즉 누구든지 그리스도 안에 있으면 새로운 피조물이라 이전 것은 지나갔으니 보라 새 것이 되었도다
18. 모든 것이 하나님께로서 났으며 그가 그리스도로 말미암아 우리를 자기와 화목하게 하시고 또 우리에게 화목하게 하는 직분을 주셨으니
19. 곧 하나님께서 그리스도 안에 계시사 세상을 자기와 화목하게 하시며 그들의 죄를 그들에게 돌리지 아니하시고 화목하게 하는 말씀을 우리에게 부탁하셨느니라

20. 그러므로 우리가 그리스도를 대신하여 사신이 되어 하나님이 우리를 통하여 너희를 권면하시는 것 같이 그리스도를 대신하여 간청하노니 너희는 하나님과 화목하라
21. 하나님이 죄를 알지도 못하신 이를 우리를 대신하여 죄로 삼으신 것은 우리로 하여금 그 안에서 하나님의 의가 되게 하려 하심이라

고후6:1
우리가 하나님과 함께 일하는 자로서 너희를 권하노니 하나님의 은혜를 헛되이 받지 말라

엡2:6
또 함께 일으키사(God raised us up) 그리스도 예수 안에서 함께 하늘에 앉히시니

엡2:10
우리는 그가 만드신 바라 그리스도 예수 안에서 선한 일을 위하여 지으심을 받은 자니 이 일은 하나님이 전에 예비하사 우리로 그 가운데서 행하게 하려 하심이니라

엡3:12
우리가 그 안에서 그를 믿음으로 말미암아 담대함과 확신을 가지고 하나님께 나아감을 얻느니라

빌4:13
내게 능력 주시는 자 안에서 내가 모든 것을 할 수 있느니라
(I can do everything through him who gives me strength.)

[나는 안전하다] 근거 구절

롬8:1-2
1. 그러므로 이제 그리스도 예수 안에 있는 자에게는 결코 정죄함이 없나니
2. 이는 그리스도 예수 안에 있는 생명의 성령의 법(the law of the Spirit of life)이 죄와 사망의 법(the law of sin and death)에서 너를 해방하였음이라

롬8:28

우리가 알거니와 하나님을 사랑하는 자 곧 그의 뜻대로 부르심을 입은 자들에게는 모든 것이 합력하여 선을 이루느니라

롬8:31-34

31. 그런즉 이 일에 대하여 우리가 무슨 말 하리요 만일 하나님이 우리를 위하시면 누가 우리를 대적하리요
32. 자기 아들을 아끼지 아니하시고 우리 모든 사람을 위하여 내주신 이가 어찌 그 아들과 함께 모든 것을 우리에게 주시지 아니하겠느냐
33. 누가 능히 하나님께서 택하신 자들을 고발하리요 의롭다 하신 이는 하나님이시니
34. 누가 정죄하리요 죽으실 뿐 아니라 다시 살아나신 이는 그리스도 예수시니 그는 하나님 우편에 계신 자요 우리를 위하여 간구하시는 자시니라

롬8:35-39

35. 누가 우리를 그리스도의 사랑에서 끊으리요 환난이나 곤고나 박해나 기근이나 적신이나 위험이나 칼이랴
36. 기록된 바 우리가 종일 주를 위하여 죽임을 당하게 되며 도살 당할 양 같이 여김을 받았나이다 함과 같으니라
37. 그러나 이 모든 일에 우리를 사랑하시는 이로 말미암아 우리가 넉넉히 이기느니라
38. 내가 확신하노니 사망이나 생명이나 천사들이나 권세자들이나 현재 일이나 장래 일이나 능력이나
39. 높음이나 깊음이나 다른 어떤 피조물이라도 우리를 우리 주 그리스도 예수 안에 있는 하나님의 사랑에서 끊을 수 없으리라

고후1:21-22

21. 우리를 너희와 함께 그리스도 안에서 굳건하게 하시고 우리에게 기름을 부으신 이는 하나님이시니
22. 그가 또한 우리에게 인치시고 보증으로 우리 마음에 성령을 주셨느니라

빌1:6
너희 안에서 착한 일을 시작하신 이가 그리스도 예수의 날까지 이루실 줄을 우리는 확신하노라

빌3:20
그러나 우리의 시민권은 하늘에 있는지라 거기로부터 구원하는 자 곧 주 예수 그리스도를 기다리노니

골3:3
이는 너희가 죽었고 너희 생명이 그리스도와 함께 하나님 안에 감추어졌음이라

딤후1:7
하나님이 우리에게 주신 것은 두려워하는 마음(a spirit of timidity)이 아니요 오직 능력과 사랑과 절제하는 마음(a spirit of power, of love and of self-discipline)이니

히4:16
그러므로 우리는 긍휼하심을 받고 때를 따라 돕는 은혜를 얻기 위하여 은혜의 보좌 앞에 담대히 나아갈 것이니라

요일5:18
하나님께로부터 난 자는 다 범죄하지 아니하는 줄을 우리가 아노라 하나님께로부터 나신 자가 그를 지키시매 악한 자가 그를 만지지도 못하느니라

[나는 완전하게 용납되었다] 근거 구절

요1:12
영접하는 자 곧 그 이름을 믿는 자들에게는 하나님의 자녀가 되는 권세를 주셨으니

요15:13-15
13.사람이 친구를 위하여 자기 목숨을 버리면 이보다 더 큰 사랑이 없나니

14.너희는 내가 명하는 대로 행하면 곧 나의 친구라
15.이제부터는 너희를 종이라 하지 아니하리니 종은 주인이 하는 것을 알지 못함이라 너희를 친구라 하였노니 내가 내 아버지께 들은 것을 다 너희에게 알게 하였음이라

롬5:1
그러므로 우리가 믿음으로 의롭다 하심(justified through faith)을 받았으니 우리 주 예수 그리스도로 말미암아 하나님과 화평을 누리자(have peace with God)

고전6:17
주와 합하는 자는 한 영이니라

고전6:19-20
19.너희 몸은 너희가 하나님께로부터 받은 바 너희 가운데 계신 성령의 전인 줄을 알지 못하느냐 너희는 너희 자신의 것이 아니라
20.값으로 산 것이 되었으니 그런즉 너희 몸으로 하나님께 영광을 돌리라

고전12:27
너희는 그리스도의 몸이요 지체의 각 부분이라

엡1:1
하나님의 뜻으로 말미암아 그리스도 예수의 사도 된 바울은 에베소에 있는 성도들(the saints)과 그리스도 예수 안에 있는 신실한 자들에게 편지하노니

엡1:5
그 기쁘신 뜻대로 우리를 예정하사 예수 그리스도로 말미암아 자기의 아들들이 되게 하셨으니

엡2:18
이는 그로 말미암아 우리 둘이 한 성령 안에서 아버지께 나아감을 얻게 하려 하심이라
For through him we both have access to the Father by one Spirit.

골1:14
그 아들 안에서 우리가 속량 곧 죄 사함을 얻었도다
골2:10
너희도 그 안에서 충만하여졌으니 그는 모든 통치자와 권세의 머리시라
and you have been given fullness in Christ, who is the head over every power and authority.

Significance, Security & Acceptance Restored In Christ

I Am Significant

I am no longer worthless, inadequate, helpless or hopeless. In Christ I am deeply significant and special. God says:

Matthew 5:13,14	I am the salt of the earth and the light of the world.
John 15:1,5	I am a branch of the true vine, Jesus, a channel of His life.
John 15:16	I have been chosen and appointed by God to bear fruit.
Acts 1:8	I am a personal, Spirit-empowered witness of Christ.
1 Corinthians 3:16	I am a temple of God.
2 Corinthians 5:17-21	I am a minister of reconciliation for God.
2 Corinthians 6:1	I am God's fellow worker.
Ephesians 2:6	I am seated with Christ in the heavenly realms.
Ephesians 2:10	I am God's workmanship, created for good works.
Ephesians 3:12	I may approach God with freedom and confidence.
Philippians 4:13	I can do all things through Christ who strengthens me!

I Am Secure

I am no longer guilty, unprotected, alone or abandoned. In Christ I am totally secure. God says:

Romans 8:1,2	I am free forever from condemnation.
Romans 8:28	I am assured that all things work together for good.
Romans 8:31-34	I am free from any condemning charges against me.
Romans 8:35-39	I cannot be separated from the love of God.
2 Corinthians 1:21,22	I have been established, anointed and sealed by God.

Philippians 1:6	I am confident that the good work God has begun in me will be perfected.
Philippians 3:20	I am a citizen of heaven.
Colossians 3:3	I am hidden with Christ in God.
2 Timothy 1:7	I have not been given a spirit of fear, but of power, love and a sound mind.
Hebrews 4:16	I can find grace and mercy to help in time of need.
1 John 5:18	I am born of God and the evil one cannot touch me.

I Am Accepted

I am no longer rejected, unloved or dirty. In Christ I am completely accepted. God says:

John 1:12	I am God's child.
John 15:15	I am Christ's friend.
Romans 5:1	I have been justified.
1 Corinthians 6:17	I am united with the Lord and I am one spirit with Him.
1 Corinthians 6:19,20	I have been bought with a price. I belong to God.
1 Corinthians 12:27	I am a member of Christ's Body.
Ephesians 1:1	I am a saint, a holy one.
Ephesians 1:5	I have been adopted as God's child.
Ephesians 2:18	I have direct access to God through the Holy Spirit.
Colossians 1:14	I have been redeemed and forgiven for all my sins.
Colossians 2:10	I am complete in Christ.

I am Significant, Secure & Accepted Restored In Christ

제2과

나는 지금 누구인가?

▷ **핵심 구절**
"그런즉 누구든지 그리스도 안에 있으면 새로운 피조물이라. 이전 것은 지나갔으니 보라 새것이 되었도다!"(고후5:17)

▷ **목표**
내면의 깊은 곳에서 지금 우리가 그리스도 안에서 완전히 새로운 피조물이라는 사실을 깨닫는다.

▷ **핵심 진리**
그리스도를 따르기로 한 당신의 결정은 지금 당신의 정체성을 완전히 변화시켰다.

◆ **들어가기**
'그리스도 안에서 회복된 중요함, 안전함, 용납됨'의 선포문을 매일 선포하면서 어떤 내용이 당신에게 가장 놀랍게 다가왔습니까? 왜 그렇다고 생각합니까?

• 나는 지금 누구인가

이전에 우리는 이 세상 풍조와 마귀를 따랐던 하나님의 진노의 대상이었습니다(엡2:2-3). 그렇지만, 긍휼이 풍성하신 하나님의 큰 사랑으로 인해서 우리는 구원을 받을 수 있었습니다(엡2:4-6). 이렇게 그리스도인이 된 것은 우리의 삶에서 중요한 순간이었습니다.
그 순간 우리의 모든 것은 새롭게 됩니다. 다음 구절에서 사용된 시제들을 주의 깊게 살펴보십시오.

"그런즉 누구든지 그리스도 안에 있으면 새로운 피조물이라 이전 것은 지나갔으니 보라 새 것이 되었도다" (고후5:17)

"너희가 전에는 어두움이더니 이제는 주 안에서 빛이라 빛의 자녀들처럼 행하라" (엡5:8)

"그가 우리를 흑암의 권세에서 건져내사 그의 사랑의 아들의 나라로 옮기셨으니" (골1:13)

⇒ 여러분의 과거와 현재는 어떻게 다르다고 성경은 이야기합니까?

우리의 신분 : 성도

"우리가 아직 죄인되었을 때에 그리스도께서 우리를 위해 죽으셨다" (롬 5:8)
- 만약 우리가 신분상 더 이상 '죄인'이 아니라면 과연 우리는 누구입니까?
심지어 이제 초신자라고 할지라도 그는 '성도' 입니다.
우리는 자신의 선함과 행함으로 거룩한 성도가 된 것이 아니라, '그리스도 안'에서 우리가 새롭게 가진 정체성과 지위 때문에 거룩한 성도가 됩니다.

◎ **나눔을 위한 질문**

그리스도인들도 죄를 분명히 짓는데, 당신은 그때 '우리는 더 이상 죄인이 아니고, 때때로 죄를 짓기도 하는 성도'라는 사실을 어떤 근거로 주장할 수 있습니까?

이것은 당신에게 어떤 의미가 있는지 나누어 봅시다.

• **단지 죄 용서받은 자 아닌 '온전한 새사람'**

만약 당신의 삶의 행위가 변화되길 원한다면, 당신은 자신을 단순히 죄 용서받은 자 그 이상으로 볼 수 있어야 합니다.

예수님께서 단지 죄의 문제를 해결하기 위해 십자가에서 죽으신 것이 아닙니다. 예수님의 죽음으로 인해 우리는 아담과 하와가 상실해버렸던 그 삶을 다시 돌려받았습니다. 그리고 이제 '성도'가

되었습니다(롬5:18-19). 우리가 하나님께 영광을 드리는 삶을 살기 위해서는 이 진리를 인식하는 것이 매우 중요합니다. 당신이 온전한 새사람이라는 것을 깨닫지 못할 때 당신은 넘어지고 실패하기 쉽습니다.

당신이 지금 그리스도인이고 또한 성도라는 사실을 사탄은 결코 바꿀 수 없습니다.
그러나 그가 당신이 지금 누구라는 사실에 대한 거짓말을 믿게 한다면, 당신이 주님과 함께 걸어가는 발걸음을 절뚝거리게 할 수 있습니다.

"너희는 그 은혜에 의하여 믿음으로 말미암아 구원을 받았으니 이것은 너희에게서 난 것이 아니요 하나님의 선물이라 행위에서 난 것이 아니니 이는 누구든지 자랑하지 못하게 함이라 우리는 그가 만드신 바라 그리스도 예수 안에서 선한 일을 위하여 지으심을 받은 자니 이 일은 하나님이 전에 예비하사 우리로 그 가운데서 행하게 하려 하심이니라" (엡2:8-10)

• 하나님께 기쁨이 되기

우리가 잘못하였을 때 어떤 일이 벌어집니까?
우리가 죄인이 아니라 성도이지만, 우리는 때때로 죄를 범합니다.
그것 때문에 우리는 고통스럽습니다.

1. 그럴 수 있습니다. 우리는 때때로 잘못하고 넘어질 수 있습니다(롬6:2; 요일1:8; 2:1).
    "만일 우리가 죄 없다 하면 스스로 속이고 또 진리가 우리 속에 있지 아니할 것이요"
    (요일1:8)
    그럼에도 불구하고, 당신은 하나님의 진노 아래 있는 죄인이 아니라, 하나님의 사랑 안에 있는 성도입니다.

2. 죄를 범했을 때라도 하늘에 계신 우리 아버지와 본질적인 관계는 바뀌지 않습니다.
    (요10:28-29; 롬8:39; 요일2:1)
    "나의 자녀들아 내가 이것을 너희에게 씀은 너희로 죄를 범하지 않게 하려 함이라 만일 누가 죄를 범하여도 아버지 앞에서 우리에게 대언자가 있으니 곧 의로우신 예수 그리스도시라" (요일2:1)

3. 죄로부터 멀어지고 그분께로 돌아감으로써, 우리는 다시 하나님과 화목할 수 있습니다.

(롬5:1, 10-11; 골1:22)
"그러므로 우리가 믿음으로 의롭다 하심을 받았으니 우리 주 예수 그리스도로 말미암아 하나님과 화평을 누리자" (롬5:1)
화목한 관계는 신뢰와 순종을 바탕으로 합니다. 둘 중 하나라도 결핍될 때 그 관계의 질적인 손상을 가져옵니다.

4. 하나님께서는 우리를 정죄하지 않습니다. (롬5:18; 8:1)
"그러므로 이제 그리스도 예수 안에 있는 자에게는 결코 정죄함이 없나니" (롬8:1)
하나님께서는 세상의 검사처럼 우리 죄를 묻고 따지고 비난하시는 그런 분이 아닙니다.
그 분은 우리를 훈계하시지만 정죄하지 않으십니다. (요8:11)

예수 그리스도의 공로로 말미암아 우리의 구원은 이미 확정되었습니다.
우리가 실수하고 넘어졌을 때, 회개함으로 하나님께로 바로 돌아갈 수 있고, 용서를 받을 수 있습니다. 이 사실을 알고 깨닫는 것이야말로 성숙한 그리스도인이 되어가는 열쇠입니다.

◎ **나눔을 위한 질문**
마귀의 거짓말에 우리가 실족해서 아주 잘못된 일을 했다고 상상해보십시오. 이런 상황에서 하나님께 어떻게 반응하는 것이 가장 적합할까요?
정죄받고 있다고 느낀다면 어떤 말씀을 붙잡고 나아가야 하겠습니까? 함께 나누어 봅시다.
(로마서 8:1, 히브리서 10:16-22, 요한일서 1:8-2:2을 읽으십시오)

• 우리는 이미 성도이다

우리가 하나님께 용납되기 위해 무엇을 해야 합니까? 아무것도 할 것이 없습니다.
왜냐하면 예수 그리스도께서 하신 일로 말미암아 당신은 이미 하나님께 용납됐기 때문입니다.

복음은 우리가 점차적으로 어떤 다른 존재로 되어가는 것을 말하고 있지 않습니다. 우리가 예수 그리스도를 영접하는 그 순간 우리는 어떤 다른 존재가 되었습니다. 우리는 단순히 우리가 지금 누구인 그대로 있기만 하면 됩니다. 하나님의 자녀로서 말입니다.

◎ **나눔을 위한 질문**

'나의 아버지 하나님은…' 선포문을 다 같이 읽어봅시다.
각 문장 앞의 괄호에 다음과 같이 표시해 보십시오.

이미 자신의 것으로 소화하여 믿고 행동하고 있는 것은 (○)로
때때로 믿고 행동하지만 때때로 아닌 것은 (△)로
자신이 믿고 행하는 바가 아닌 것은 (X)로 표시하며 점검하여 봅시다.

이 선언문 중 자신에게 감동과 위로가 되었던 부분이 있다면 함께 나누어 봅시다.
아울러 이 점검을 통해 당신이 새롭게 느낀 점이나 깨닫게 된 바를 함께 나누어 봅시다.

♣ **증거하기**

친구가 그리스도인과 믿지 않는 사람 사이의 차이점을 설명해 달라고 한다면 당신은 무엇이라 대답하겠습니까? 자신이 꼭 그리스도인이 되어야 하는 이유를 설명해 달라고 요청하는 사람이 있다면 당신은 어떻게 답할 수 있겠습니까?

♣ **다음 주를 위한 준비**

나의 아버지 하나님은…' 선포문을 매일 소리 내서 선포하십시오. 그리고 그 중 특별히 당신에게 다가오는 진리 하나를 선택하여, 원래 본문의 문맥 속에서 그것을 묵상하며, 하나님께서 그 뜻이 무엇인지 충분히 이해할 수 있게 해주시길 구하십시오.

나의 아버지 하나님은...

( ) 나의 아버지 하나님은 나로부터 멀리 계시고, 나에게 무관심하다는 거짓을 나는 거부한다.

( ) 나의 아버지 하나님은 나와 친밀하게 함께 하고 계시고, 나에게 미래와 소망을 주기 위한 계획을 갖고 계시며, 선한 일을 위해 미리 나를 구체적으로 준비하게 하시는 분이라는 진리를 나는 기쁨으로 받아들인다. (시139:1-18; 마28:20; 렘29:11; 엡2:10)

( ) 나의 아버지 하나님은 나에게 무감각하시고, 나를 모르시며, 돌보시지 않는다는 거짓을 나는 거부한다.

( ) 나의 아버지 하나님은 나와 공감하시고, 나를 긍휼로 대하시며, 나에 대해 모르는 것이 없으시다는 진리를 나는 기쁨으로 받아들인다. (시103:8-14; 요일3:1-3; 히4:12-13)

( ) 나의 아버지 하나님은 나에게 엄하시고, 나에게 불가능한 기대수준을 갖고 계시는 분이라는 거짓을 나는 거부한다.

( ) 나의 아버지 하나님은 나를 기꺼이 받아주시며, 나를 기쁜 마음으로 지지해 주신다는 진리를 나는 기쁨으로 받아들인다. (롬5:8-11; 15:7; 습3:17)

( ) 나의 아버지 하나님은 나에게 소극적이시고, 나에게 냉담하시다는 거짓을 나는 거부한다.

( ) 나의 아버지 하나님은 나를 따뜻하게 대하시며, 나를 애정으로 돌보신다는 진리를 나는 기쁨으로 받아들인다. (사40:11; 호11:3-4)

( ) 나의 아버지 하나님은 내 옆에 있어주실 수 없고, 나 같은 사람에게 신경 쓰기에는 너무 바쁘신 분이라는 거짓을 나는 거부한다.

( ) 나의 아버지 하나님은 언제나 나와 함께 하시며, 결코 나를 떠나지도 버리지도 않으시고, 내 존재를 창조하신 목적에 맞게 살아가도록 도우시는 분이라는 진리를 나는 기쁨으로 받아들인다. (빌1:6; 히13:5)

( ) 나의 아버지 하나님은 나를 참아주지 않으시거나, 화를 내시고, 내가 하는 일에 대해 만족하시지 않는 분이라는 거짓을 나는 거부한다.

( ) 나의 아버지 하나님은 나에게 화내시기를 더디 하시고, 참고 기다리시며, 나를 훈육하실 때는 못마땅해서가 아니라 사랑하시기 때문이라는 진리를 나는 기쁨으로 받아들인다. (출34:6; 롬2:4; 히12:5-11)

(   ) 나의 아버지 하나님은 나에게 짓궂고, 잔인하며, 나를 학대하시는 분이라는 거짓을 나는 거부한다.

(   ) 나는 사탄이야말로 심술궂고 잔인하며 나를 모욕하는 존재라는 사실과 아버지 하나님은 사랑과 온유함으로 대하시고, 보호해 주시는 분이라는 진리를 기쁨으로 받아들인다. (시18:2; 마11:28-30; 엡6:10-18)

(   ) 나의 아버지 하나님은 내 삶의 모든 재미와 즐거움을 빼앗아가는 분이라는 거짓을 나는 거부한다.

(   ) 나의 아버지 하나님은 인생을 지으신 분이시고, 내가 하나님의 영으로 충만하기를 선택할 때 나에게 사랑과 기쁨, 평안으로 채워주시는 분이라는 진리를 나는 기쁨으로 받아들인다. (애3:22-23; 갈5:22-24)

(   ) 나의 아버지 하나님은 나를 통제하거나, 조작하려 한다는 거짓을 나는 거부한다.

(   ) 나의 아버지 하나님은 나를 자유케 하신 분이며, 스스로 선택하여 그분의 은혜 안에서 자라가는 자유를 허락하시는 분이라는 진리를 나는 기쁨으로 받아들인다. (갈5:1; 히4:15-16)

(   ) 나의 아버지 하나님은 나를 정죄하고, 더 이상 용서하지 않으신다는 거짓을 나는 거부한다.

(   ) 나의 아버지 하나님은 나의 모든 죄악을 용서하셨고, 앞으로도 그 죄를 기억하지 않으신다는 진리를 나는 기쁨으로 받아들인다. (렘31:31-34; 롬8:1)

(   ) 나의 아버지 하나님은 내가 제대로 살아가지 못하거나 죄를 지을 때마다 나의 흠과 트집을 잡아내시는 분이라는 거짓을 나는 거부한다.

(   ) 나의 아버지 하나님은 나를 인내로써 대하시며, 내가 죄에 넘어질 때마다 나를 정결케 하시는 분이라는 진리를 나는 기쁨으로 받아들인다. (잠24:16; 요일1:7-2:2)

나는 하나님께서 눈동자같이 지키시는 자(the apple of his eye)이다. (신32:9-11)

나의 아버지 하나님은... 근거 구절

시139:1-18
1.여호와여 주께서 나를 살펴 보셨으므로 나를 아시나이다
2.주께서 내가 앉고 일어섬을 아시고 멀리서도 나의 생각을 밝히 아시오며
3.나의 모든 길과 내가 눕는 것을 살펴 보셨으므로 나의 모든 행위를 익히 아시오니
4.여호와여 내 혀의 말을 알지 못하시는 것이 하나도 없으시니이다
5.주께서 나의 앞뒤를 둘러싸시고 내게 안수하셨나이다
6.이 지식이 내게 너무 기이하니 높아서 내가 능히 미치지 못하나이다
7.내가 주의 영을 떠나 어디로 가며 주의 앞에서 어디로 피하리이까
8.내가 하늘에 올라갈지라도 거기 계시며 스올에 내 자리를 펼지라도 거기 계시니이다
9.내가 새벽 날개를 치며 바다 끝에 가서 거주할지라도
10.거기서도 주의 손이 나를 인도하시며 주의 오른손이 나를 붙드시리이다
11.내가 혹시 말하기를 흑암이 반드시 나를 덮고 나를 두른 빛은 밤이 되리라 할지라도
12.주에게서는 흑암이 숨기지 못하며 밤이 낮과 같이 비추이나니 주에게는 흑암과 빛이 같음이니이다
13.주께서 내 내장을 지으시며 나의 모태에서 나를 만드셨나이다
14.내가 주께 감사하옴은 나를 지으심이 심히 기묘하심이라 주께서 하시는 일이 기이함을 내 영혼이 잘 아나이다
15.내가 은밀한 데서 지음을 받고 땅의 깊은 곳에서 기이하게 지음을 받은 때에 나의 형체가 주의 앞에 숨겨지지 못하였나이다
16.내 형질이 이루어지기 전에 주의 눈이 보셨으며 나를 위하여 정한 날이 하루도 되기 전에 주의 책에 다 기록이 되었나이다
17.하나님이여 주의 생각이 내게 어찌 그리 보배로우신지요 그 수가 어찌 그리 많은지요
18.내가 세려고 할지라도 그 수가 모래보다 많도소이다 내가 깰 때에도 여전히 주와 함께 있나이다

마28:20
내가 너희에게 분부한 모든 것을 가르쳐 지키게 하라 볼지어다 내가 세상 끝날까지 너희와 항상 함께 있으리라 하시니라

렘29:11

너희를 향한 나의 생각을 내가 아나니 평안이요 재앙이 아니니라 너희에게 미래와 희망을 주는 것이니라

엡2:10
우리는 그가 만드신 바라 그리스도 예수 안에서 선한 일을 위하여 지으심을 받은 자니 이 일은 하나님이 전에 예비하사 우리로 그 가운데서 행하게 하려 하심이니라

시103:8-14
8.여호와는 긍휼이 많으시고 은혜로우시며 노하기를 더디 하시고 인자하심이 풍부하시도다
9.자주 경책하지 아니하시며 노를 영원히 품지 아니하시리로다
10.우리의 죄를 따라 우리를 처벌하지는 아니하시며 우리의 죄악을 따라 우리에게 그대로 갚지는 아니하셨으니
11.이는 하늘이 땅에서 높음 같이 그를 경외하는 자에게 그의 인자하심이 크심이로다
12.동이 서에서 먼 것 같이 우리의 죄과를 우리에게서 멀리 옮기셨으며
13.아버지가 자식을 긍휼히 여김 같이 여호와께서는 자기를 경외하는 자를 긍휼히 여기시나니
14.이는 그가 우리의 체질을 아시며 우리가 단지 먼지뿐임을 기억하심이로다

요일3:1-3
1.보라 아버지께서 어떠한 사랑을 우리에게 베푸사 하나님의 자녀라 일컬음을 받게 하셨는가, 우리가 그러하도다 그러므로 세상이 우리를 알지 못함은 그를 알지 못함이라
2.사랑하는 자들아 우리가 지금은 하나님의 자녀라 장래에 어떻게 될지는 아직 나타나지 아니하였으나 그가 나타나시면 우리가 그와 같을 줄을 아는 것은 그의 참모습 그대로 볼 것이기 때문이니
3.주를 향하여 이 소망을 가진 자마다 그의 깨끗하심과 같이 자기를 깨끗하게 하느니라

히4:12-13
12.하나님의 말씀은 살아 있고 활력이 있어 좌우에 날선 어떤 검보다도 예리하여 혼과 영과 및 관절과 골수를 찔러 쪼개기까지 하며 또 마음의 생각과 뜻을 판단하나니
13.지으신 것이 하나도 그 앞에 나타나지 않음이 없고 우리의 결산을 받으실 이의 눈 앞에 만물이 벌거벗은 것 같이 드러나느니라

롬5:8-11

8.우리가 아직 죄인 되었을 때에 그리스도께서 우리를 위하여 죽으심으로 하나님께서 우리에 대한 자기의 사랑을 확증하셨느니라

9.그러면 이제 우리가 그의 피로 말미암아 의롭다 하심을 받았으니 더욱 그로 말미암아 진노하심에서 구원을 받을 것이니

10.곧 우리가 원수 되었을 때에 그의 아들의 죽으심으로 말미암아 하나님과 화목하게 되었은즉 화목하게 된 자로서는 더욱 그의 살아나심으로 말미암아 구원을 받을 것이니라

11.그뿐 아니라 이제 우리로 화목하게 하신 우리 주 예수 그리스도로 말미암아 하나님 안에서 또한 즐거워하느니라

롬15:7

그러므로 그리스도께서 우리를 받아(just as Christ accepted you) 하나님께 영광을 돌리심과 같이 너희도 서로 받으라(accept one another)

습3:17

너의 하나님 여호와가 너의 가운데에 계시니 그는 구원을 베푸실 전능자이시라 그가 너로 말미암아 기쁨을 이기지 못하시며 너를 잠잠히 사랑하시며 너로 말미암아 즐거이 부르며 기뻐하시리라 하리라

시40:11

여호와여 주의 긍휼을 내게서 거두지 마시고 주의 인자와 진리로 나를 항상 보호하소서

호11:3-4

3.그러나 내가 에브라임에게 걸음을 가르치고 내 팔로 안았음에도 내가 그들을 고치는 줄을 그들은 알지 못하였도다

4.내가 사람의 줄 곧 사랑의 줄로 그들을 이끌었고 그들에게 대하여 그 목에서 멍에를 벗기는 자 같이 되었으며 그들 앞에 먹을 것을 두었노라(I led them with cords of human kindness, with ties of love; I lifted the yoke from their neck and bent down to feed them.)

빌1:6

너희 안에서 착한 일을 시작하신 이가 그리스도 예수의 날까지 이루실 줄을 우리는 확신하노라

히13:5
돈을 사랑하지 말고 있는 바를 족한 줄로 알라 그가 친히 말씀하시기를 내가 결코 너희를 버리지 아니하고 너희를 떠나지 아니하리라("Never will I leave you; never will I forsake you.") 하셨느니라

출34:6
여호와께서 그의 앞으로 지나시며 선포하시되 여호와라 여호와라 자비롭고 은혜롭고 노하기를 더디하고 인자와 진실이 많은 하나님이라

롬2:4
혹 네가 하나님의 인자하심이 너를 인도하여 회개하게 하심을 알지 못하여 그의 인자하심과 용납하심과 길이 참으심이 풍성함을 멸시하느냐

히12:5-11
5.또 아들들에게 권하는 것 같이 너희에게 권면하신 말씀도 잊었도다 일렀으되 내 아들아 주의 징계하심을 경히 여기지 말며 그에게 꾸지람을 받을 때에 낙심하지 말라
6.주께서 그 사랑하시는 자를 징계하시고 그가 받아들이시는 아들마다 채찍질하심이라 하였으니
7.너희가 참음은 징계를 받기 위함이라 하나님이 아들과 같이 너희를 대우하시나니 어찌 아버지가 징계하지 않는 아들이 있으리요
8.징계는 다 받는 것이거늘 너희에게 없으면 사생자요 친아들이 아니니라
9.또 우리 육신의 아버지가 우리를 징계하여도 공경하였거든 하물며 모든 영의 아버지께 더욱 복종하며 살려 하지 않겠느냐
10.그들은 잠시 자기의 뜻대로 우리를 징계하였거니와 오직 하나님은 우리의 유익을 위하여 그의 거룩하심에 참여하게 하시느니라
11.무릇 징계가 당시에는 즐거워 보이지 않고 슬퍼 보이나 후에 그로 말미암아 연단 받은 자들은 의와 평강의 열매를 맺느니라

시18:2

여호와는 나의 반석(rock)이시요 나의 요새(fortress)시요 나를 건지시는 이(deliverer)시요 나의 하나님이시요 내가 그 안에 피할 나의 바위시요 나의 방패(shield)시요 나의 구원의 뿔(the horn of my salvation)이시요 나의 산성(stronghold)이시로다

마11:28-30
28.수고하고 무거운 짐 진 자들아 다 내게로 오라 내가 너희를 쉬게 하리라
29.나는 마음이 온유하고 겸손하니 나의 멍에를 메고 내게 배우라 그리하면 너희 마음이 쉼을 얻으리니
30.이는 내 멍에는 쉽고 내 짐은 가벼움이라 하시니라

엡6:10-18
10.끝으로 너희가 주 안에서와 그 힘의 능력으로 강건하여지고
11.마귀의 간계를 능히 대적하기 위하여 하나님의 전신 갑주를 입으라
12.우리의 씨름은 혈과 육을 상대하는 것이 아니요 통치자들과 권세들과 이 어둠의 세상 주관자들과 하늘에 있는 악의 영들을 상대함이라
13.그러므로 하나님의 전신 갑주를 취하라 이는 악한 날에 너희가 능히 대적하고 모든 일을 행한 후에 서기 위함이라
14.그런즉 서서 진리로 너희 허리 띠를 띠고 의의 호심경을 붙이고
15.평안의 복음이 준비한 것으로 신을 신고
16.모든 것 위에 믿음의 방패를 가지고 이로써 능히 악한 자의 모든 불화살을 소멸하고
17.구원의 투구와 성령의 검 곧 하나님의 말씀을 가지라
18.모든 기도와 간구를 하되 항상 성령 안에서 기도하고 이를 위하여 깨어 구하기를 항상 힘쓰며 여러 성도를 위하여 구하라

애3:22-23
22.여호와의 인자와 긍휼이 무궁하시므로 우리가 진멸되지 아니함이니이다
23.이것들이 아침마다 새로우니 주의 성실하심이 크시도소이다

갈5:22-24
22.오직 성령의 열매는 사랑과 희락과 화평과 오래 참음과 자비와 양선과 충성과

23.온유와 절제니 이같은 것을 금지할 법이 없느니라
24.그리스도 예수의 사람들은 육체와 함께 그 정욕과 탐심을 십자가에 못 박았느니라

갈5:1
그리스도께서 우리를 자유롭게 하려고 자유를 주셨으니 그러므로 굳건하게 서서 다시는 종의 멍에를 메지 말라

히4:15-16
15.우리에게 있는 대제사장은 우리의 연약함을 동정하지 못하실 이가 아니요 모든 일에 우리와 똑같이 시험을 받으신 이로되 죄는 없으시니라
16.그러므로 우리는 긍휼하심을 받고 때를 따라 돕는 은혜를 얻기 위하여 은혜의 보좌 앞에 담대히 나아갈 것이니라

렘31:31-34
31.여호와의 말씀이니라 보라 날이 이르리니 내가 이스라엘 집과 유다 집에 새 언약을 맺으리라
32.이 언약은 내가 그들의 조상들의 손을 잡고 애굽 땅에서 인도하여 내던 날에 맺은 것과 같지 아니할 것은 내가 그들의 남편이 되었어도 그들이 내 언약을 깨뜨렸음이라 여호와의 말씀이니라
33.그러나 그 날 후에 내가 이스라엘 집과 맺을 언약은 이러하니 곧 내가 나의 법을 그들의 속에 두며 그들의 마음에 기록하여 나는 그들의 하나님이 되고 그들은 내 백성이 될 것이라 여호와의 말씀이니라
34.그들이 다시는 각기 이웃과 형제를 가리켜 이르기를 너는 여호와를 알라 하지 아니하리니 이는 작은 자로부터 큰 자까지 다 나를 알기 때문이라 내가 그들의 악행을 사하고 다시는 그 죄를 기억하지 아니하리라 여호와의 말씀이니라

롬8:1
그러므로 이제 그리스도 예수 안에 있는 자에게는 결코 정죄함이 없나니

잠24:16
대저 의인은 일곱 번 넘어질지라도 다시 일어나려니와 악인은 재앙으로 말미암아 엎드러지느니라

요일1:7-2:2

1:7 그가 빛 가운데 계신 것 같이 우리도 빛 가운데 행하면 우리가 서로 사귐이 있고 그 아들예수의 피가 우리를 모든 죄에서 깨끗하게 하실 것이요

1:8 만일 우리가 죄가 없다고 말하면 스스로 속이고 또 진리가 우리 속에 있지 아니할 것이요

1:9 만일 우리가 우리 죄를 자백하면 그는 미쁘시고 의로우사 우리 죄를 사하시며 우리를 모든 불의에서 깨끗하게 하실 것이요

1:10 만일 우리가 범죄하지 아니하였다 하면 하나님을 거짓말하는 이로 만드는 것이니 또한 그의 말씀이 우리 속에 있지 아니하니라

2:1 나의 자녀들아 내가 이것을 너희에게 씀은 너희로 죄를 범하지 않게 하려 함이라 만일 누가 죄를 범하여도 아버지 앞에서 우리에게 대언자가 있으니 곧 의로우신 예수 그리스도시라

2:2 그는 우리 죄를 위한 화목 제물이니 우리만 위할 뿐 아니요 온 세상의 죄를 위하심이라

My Father God

I renounce the lie that my Father God is:	I joyfully accept the truth that my Father God is:
distant and uninterested in me.	intimate and involved (see Psalm139:1-18).
insensitive and uncaring.	kind and compassionate (see Psalm103:8-14).
stern and demanding.	accepting and filled with joy and love (see Romans 15:7; Zephaniah 3:17).
passive and cold.	warm and affectionate (see Isaiah 40:11; Hosea 11:3,4).
absent or too busy for me.	always with me and eager to be with me (see Hebrews 13:5; Jeremiah 31:20; Ezekiel 34:11-16).
impatient, angry or never satisfied with what I do.	patient and slow to anger and delights in those who put their hope in His unfailing love (see Exodus 34:6; 2 Peter 3:9, Psalm 147:11).
mean, cruel or abusive.	loving and gentle and protective (see Jeremiah 31:3; Isaiah 42:3; Psalm 18:2).

I renounce the lie that my my Father God is:	I joyfully accept the truth that Father God is:
trying to take all the fun out of life.	trustworthy and wants to give me a full life; His will is good, perfect and acceptable for me (see Lamentations 3:22, 23; John 10:10; Romans 12:1,2).
controlling or manipulative.	full of grace and mercy, and gives me freedom to fail (see Hebrews 4:15,16; Luke 15:11-16).
condemning or unforgiving.	tender-hearted and forgiving; His heart and arms are always open to me (see Psalm 130:1-4; Luke 15:17-24).
nit-picking or a demanding perfectionist.	committed to my growth and proud of me as His growing child (see Romans 8:28,29; Hebrews 12:5-11; 2 Corinthians 7:14).

I Am the Apple of His Eye!

제3과

진리를 믿기로 선택하기

▷ **핵심 구절**
"믿음이 없이는 하나님을 기쁘시게 하지 못하나니 하나님께 나아가는 자는 반드시 그가 계신 것과 또한 그가 자기를 찾는 자들에게 상 주시는 이심을 믿어야 할지니라." (히11:6)

▷ **목표**
모든 사람은 누군가를 혹은 무언가를 믿으며 살아가는데, '하나님 안에서의 믿음'이라는 것은 이미 실제적으로 진리인 것을 찾아가며, 그것을 믿고, 그에 따라 행동하기로 선택하는 것이라는 사실을 이해한다.

▷ **핵심 진리**
하나님은 진리이시다. 그분이 말씀하신 것이 진리인지를 발견하고 그것을 믿기로 선택하라.
그것이 진리라고 느껴지든 아니든 간에 말이다. 그러면 당신의 삶은 변화될 것이다.

◆ **들어가기**
당신은 믿음이란 무엇이라고 생각합니까?

• **믿음이 없이는 하나님을 기쁘시게 못한다**

믿음은 중요합니다.
우리는 믿음으로 구원을 받았습니다. 당신이 성경 어디를 보든지, 우리가 믿음으로 살아가야 함을 발견할 수 있을 것입니다. 우리가 주님과 동행하는 삶을 성공적으로 살아갈 수 있는 열쇠는 참되고 살아있는 믿음입니다.

믿음은 이미 진리인 것을 단순히 받아들이는 것입니다.

이미 진리인 것을 찾으십시오. 그것이 진리라고 느껴지든 아니든, 믿기로 선택하십시오. 그렇다면 당신의 삶은 변화될 것입니다.

• 무엇 또는 누구를 믿는지에 따라 서로 다른 결과를 낳는다

모든 사람은 믿음으로 살고, 믿음으로 행동합니다.

믿음에서 중요한 것은 우리가 믿는다는 그 자체에 있지 않습니다. 무엇을 또는 누군가를 믿는가가 더 중요한 것입니다. 당신이 내린 모든 결정과 당신이 취한 모든 행동은 당신의 믿음이 어디에 있는지를 보여 줍니다.

우리가 무엇을 믿느냐에 따라서 그리스도인과 비그리스도인으로 구별됩니다.

믿음의 대상(무엇 또는 누구를 믿는지)에 따라 믿음은 엄청난 차이를 만들어 냅니다. 그래서 믿음 그 자체보다 더 중요한 것은 무엇을 믿느냐입니다. 예를 들어 예수님은 겨자씨 한 알 만한 믿음이면 산을 옮길 수 있다고 말씀하셨습니다(마17:20). 이것은 우리의 믿음이 산을 옮기는 것이 아니라, 우리가 믿는 하나님께서 옮겨주신다는 의미입니다.

예수 그리스도는 궁극적인 믿음의 대상이십니다.

우리 믿음의 대상이신 예수 그리스도는 어제나 오늘이나 그리고 영원토록 변하시지 않기에, 결코 우리를 실망시키지 않으십니다(히13:8).
그리스도인의 믿음은 하나님과의 인격적 관계에 관한 것입니다.

> ◎ **나눔을 위한 질문**
> 그리스도인의 믿음은 하나님과의 인격적 관계라는 사실을 당신 자신의 믿음 생활에 비추어 보며 새롭게 깨닫거나 느끼게 되는 바를 나누어 보도록 합시다.

- **모든 사람은 믿음 안에서 성장할 수 있다**

우리가 얼마나 믿음이 있는지는 우리가 믿는 분을 얼마나 잘 알고 있는지에 달려있습니다.

믿음은 하나님께서 말씀하신 것이 진리라고 믿기로 선택하며, 그것에 따라 살아가는 것입니다.

"너희가 어느 때까지 둘 사이에서 머뭇머뭇하려느냐 여호와가 만일 하나님이면 그를 쫓고 바알이 만일 하나님이면 그를 쫓을지니라" (왕상18:21)

하나님의 말씀이 진리라는 믿음에 따라 살아갈 때, 당신은 그 말씀이 살아 역사함을 알게 될 것입니다. 이로 인해 하나님을 더 알게 될 것입니다. 지금 있는 그 자리에서 시작해 보십시오.

먼저 좋은 감정을 가지고 좋은 행동으로 나아가는 것이 아닙니다. 오히려 행동함으로써 좋은 감정을 갖게 되는 것입니다. 진리를 믿는 것부터 시작하십시오. 그러면 당신의 감정은 적절한 때에 따라올 것입니다.

진리 → 믿음 → 행동 → 감정

- **믿음은 어려움 속에서 자란다**

우리 대부분은 하나님께서 우리가 원했던 것을 들어주지 않으신 경험을 떠올릴 수 있을 것입니다. 때때로 하나님에 대한 우리의 이해가 너무 제한적이고, 하나님께서 하실 일에 대한 우리의 기대가 너무 높아서, 우리가 그분의 성품과 뜻을 따라서 기도하고 있는지 잘 모를 수 있다는 것을 단순히 받아들여야 합니다.

하나님은 우리의 믿음이 자라게 하기 위해서, 종종 우리가 하나님을 신뢰할지, 아니면 다른 것을 신뢰할지를 선택해야 하는 상황에 두십니다.

하나님의 역할은 진리로 계시는 것입니다. 우리의 책임은 그 진리를 믿고, 그것에 따라 사는 것입니다.

◎ **나눔을 위한 질문**
당신이 최근에 기도 응답이 되지 않거나 더디다고 생각되는 바를 떠올려 보고, '진리 → 믿음 → 행동 → 감정'의 원리를 적용하여 어떻게 하나님과의 관계를 성장시켜 갈 수 있을지 함께 나누어 봅시다.

• 믿음은 행동을 낳는다

"이와 같이 행함이 없는 믿음은 그 자체가 죽은 것이라 어떤 사람은 말하기를 너는 믿음이 있고 나는 행함이 있으니 행함이 없는 네 믿음을 내게 보이라 나는 행함으로 내 믿음을 네게 보이리라 하리라" (약2:17-18)

사람들이 항상 자신이 믿는다고 입으로 말하는 대로 행동하지는 않습니다. 하지만 실제로 자신의 마음에 믿는 바에 따라 행동합니다.

우리가 무엇이라고 주장하든, 우리의 행함이 진정으로 우리가 무엇을 믿는지를 보여줍니다.

만일 당신이 진실로 믿고 있는 바를 알고 싶다면, 당신의 행동을 돌아보시면 됩니다.

◎ **나눔을 위한 질문**

"내가 승리할 수밖에 없는 20가지 이유" 선포문을 다 같이 읽어봅시다.
각 문장 앞의 괄호에 다음과 같이 표시해보세요.

이미 자신의 것으로 소화하여 믿고 행동하고 있는 것은 (○)로
때때로 믿고 행동하지만 때때로 아닌 것은 (△)로
자신이 믿고 행하는 바가 아닌 것은 (X)로 표시하며 점검하여 봅시다.

이 선언문 중 자신에게 감동과 위로가 되었던 부분이 있다면 함께 나누어 봅시다.
아울러 이 점검을 통해 당신이 새롭게 느낀 점이나 깨닫게 된 바를 함께 나누어 봅시다.

♣ **증거하기**

"그 중에 이 세상의 신이 믿지 아니하는 자들의 마음을 혼미하게 하여 그리스도의 영광의 복음의 광채가 비치지 못하게 함이니 그리스도는 하나님의 형상이니라." (고후4:4)
"그런즉 그들이 믿지 아니하는 이를 어찌 부르리요, 듣지도 못한 이를 어찌 믿으리요, 전파하는 자가 없이 어찌 들으리요, 보내심을 받지 아니하였으면 어찌 전파하리요, 기록된 바 아름답도다 좋은 소식을 전하는 자들의 발이여 함과 같으니라." (롬10:14-15)

이 말씀에 비추어 볼 때 주변에 믿지 않는 지인들이 복음에 반응하지 못하는 이유는 무엇이라 생각합니까? 당신이 그들에게 복음을 전할 준비를 위해 먼저 위 본문에 근거하여 기도할 기도문을 만들어 보십시오. 그리고 구체적으로 복음을 전하고자 하는 사람을 위해 기도하는 시간을 갖도록 합시다.

♣ **다음 주를 위한 준비**

한 주 동안 '내가 승리할 수밖에 없는 20가지 이유' 선포문을 소리 내어 선포하고, 그 중에 특별히 당신에게 다가오는 진리를 당신의 느낌이나 상황에 상관없이 믿기로 선택해봅시다.

내가 승리할 수밖에 없는 20가지 이유

01. 왜 나는 할 수 없다고 하는가?
(   ) 나는 나에게 능력 주시는 그리스도 안에서 모든 것을 할 수 있다. (빌4:13)

02. 왜 나는 부족하다고 하는가?
(   ) 하나님께서 그리스도 예수 안에서 영광 가운데 그 풍성한 대로 내 모든 필요를 채워주실 것이다. (빌4:19)

03. 왜 나는 두려워하는가?
(   ) 하나님께서 나에게 주신 것은 두려워하는 마음이 아니라 오직 능력과 사랑과 절제하는 마음이다. (딤후1:7)

04. 왜 나는 나의 부르심을 이루기에 믿음이 부족하다고 하는가?
(   ) 하나님은 나에게 필요한 믿음의 분량을 주셨다. (롬12:3)

05. 왜 나는 연약하다고 하는가?
(   ) 하나님은 내 생명의 능력이시며, 하나님을 아는 백성은 강하여 용맹을 떨칠 것이다. (시27:1; 단11:32)

06. 왜 나는 마귀가 나의 삶을 지배하도록 허락하는가?
(   ) 내 안에 계시는 하나님은 세상에 있는 그 어떤 존재보다 크시다. (요일4:4)

07. 왜 나는 패배자라고 생각하는가?
(   ) 하나님은 항상 나를 그리스도 안에서 이기게 하신다. (고후2:14)

08. 왜 나는 지혜가 부족하다고 하는가?
(   ) 그리스도는 나에게 하나님으로부터 오는 지혜가 되시고, 하나님은 내가 지혜를 구할 때 아낌없이 주신다. (고전1:30; 약1:5)

09. 왜 나는 우울해하는가?
(   ) 나는 하나님의 인자와 긍휼, 그리고 성실하심을 기억하고 소망을 가질 수 있다. (애3:22-23)

10. 왜 나는 염려하고 초조해하는가?
(   ) 나는 나를 돌보시는 그리스도께 내 모든 염려를 맡길 수 있다. (벧전5:7)

11. 왜 나는 속박당하고 있다고 생각하는가?
(   ) 주의 영이 계신 곳에는 자유가 있다. (고후3:17; 갈5:1)

12. 왜 나는 정죄 받는다고 느끼는가?
(   ) 나는 예수 그리스도 안에 있기 때문에 결코 정죄 받지 않는다. (롬8:1)

13. 왜 나는 외롭다고 느끼는가?
(   ) 예수님은 항상 나와 함께 하시고, 나를 결코 버리거나 떠나지 않을 것이라고 말씀하셨다. (마28:20; 히13:5)

14. 왜 나는 저주받았고 불행한 희생자라고 느끼는가?
(   ) 그리스도께서 나를 위하여 저주를 받으사 율법의 저주에서 나를 속량해 주셨다. (갈3:13-14)

15. 왜 나는 불만족스러워하는가?
(   ) 나는 어떠한 형편에서도 자족하는 법을 배울 수 있다. (빌4:11)

16. 왜 나는 무가치하다고 느끼는가?
(   ) 하나님은 나를 대신하여 그리스도를 죄로 삼으셔서, 나로 하여금 그 안에서 하나님의 의가 되게 하셨다. (고후5:21)

17. 왜 나는 나만 피해자라고 생각하는가?
(   ) 하나님께서 나를 위하시기에 그 누구도 나를 대적할 수 없다. (롬8:31)

18. 왜 나는 혼란스러워하는가?
(   ) 하나님은 화평케 하시는 분이시며, 내주하시는 성령을 통해 나에게 지식을 주신다. (고전14:33; 2:12)

19. 왜 나는 실패할까 두려워하는가?

(　　) 나는 모든 일에 나를 사랑하시는 그리스도로 말미암아 넉넉히 이긴다. (롬8:37)

20. 왜 나는 삶의 무게에 눌려 의기소침하게 살아가는가?

(　　) 나는 예수님께서 세상과 세상의 환란을 이미 이기셨음을 알기에 담대할 수 있다. (요16:33)

내가 승리할 수밖에 없는 20가지 이유 근거 구절

빌4:19
나의 하나님이 그리스도 예수 안에서 영광 가운데 그 풍성한 대로 너희 모든 쓸 것을 채우시리라
And my God will meet all your needs according to his glorious riches in Christ Jesus.

롬12:3
내게 주신 은혜로 말미암아 너희 각 사람에게 말하노니 마땅히 생각할 그 이상의 생각을 품지 말고 오직 하나님께서 각 사람에게 나누어 주신 믿음의 분량대로 지혜롭게 생각하라
For by the grace given me I say to every one of you: Do not think of yourself more highly than you ought, but rather think of yourself with sober judgment, in accordance with the measure of faith God has given you

시27:1
여호와는 나의 빛이요 나의 구원이시니 내가 누구를 두려워하리요 여호와는 내 생명의 능력이시니 내가 누구를 무서워하리요

단11:32
그가 또 언약을 배반하고 악행하는 자를 속임수로 타락시킬 것이나 오직 자기의 하나님을 아는 백성은 강하여 용맹을 떨치리라

요일4:4
자녀들아 너희는 하나님께 속하였고 또 그들을 이기었나니 이는 너희 안에 계신 이가 세상에 있는 자보다 크심이라

고후2:14
항상 우리를 그리스도 안에서 이기게 하시고 우리로 말미암아 각처에서 그리스도를 아는 냄새(the fragrance)를 나타내시는 하나님께 감사하노라

고전1:30
너희는 하나님으로부터 나서 그리스도 예수 안에 있고 예수는 하나님으로부터 나와서 우리에게 지혜와 의로움과 거룩함과 구원함이 되셨으니

약1:5
너희 중에 누구든지 지혜가 부족하거든 모든 사람에게 후히 주시고 꾸짖지 아니하시는 하나님께 구하라 그리하면 주시리라

애3:22-23
22.여호와의 인자와 긍휼이 무궁하시므로 우리가 진멸되지 아니함이니이다
23.이것들이 아침마다 새로우니 주의 성실하심이 크시도소이다

벧전5:7
너희 염려를 다 주께 맡기라 이는 그가 너희를 돌보심이라

고후3:17
주는 영이시니 주의 영이 계신 곳에는 자유가 있느니라

갈5:1
그리스도께서 우리를 자유롭게 하려고 자유를 주셨으니 그러므로 굳건하게 서서 다시는 종의 멍에를 메지 말라

롬8:1
그러므로 이제 그리스도 예수 안에 있는 자에게는 결코 정죄함이 없나니

마28:20
내가 너희에게 분부한 모든 것을 가르쳐 지키게 하라 볼지어다 내가 세상 끝날까지 너희와 항상 함께 있으리라 하시니라

히13:5
돈을 사랑하지 말고 있는 바를 족한 줄로 알라 그가 친히 말씀하시기를 내가 결코 너희를 버리지 아니하고 너희를 떠나지 아니하리라 하셨느니라

갈3:13-14

내가 승리할 수밖에 없는 20가지 이유 근거 구절

13. 그리스도께서 우리를 위하여 저주를 받은 바 되사 율법의 저주에서 우리를 속량하셨으니 기록된 바 나무에 달린 자마다 저주 아래에 있는 자라 하였음이라
14. 이는 그리스도 예수 안에서 아브라함의 복이 이방인에게 미치게 하고 또 우리로 하여금 믿음으로 말미암아 성령의 약속을 받게 하려 함이라

빌4:11
내가 궁핍하므로 말하는 것이 아니니라 어떠한 형편에든지 나는 자족하기를 배웠노니

고후5:21
하나님이 죄를 알지도 못하신 이를 우리를 대신하여 죄로 삼으신 것은 우리로 하여금 그 안에서 하나님의 의가 되게 하려 하심이라
God made him who had no sin to be sin for us, so that in him we might become the righteousness of God.

롬8:31
그런즉 이 일에 대하여 우리가 무슨 말 하리요 만일 하나님이 우리를 위하시면 누가 우리를 대적하리요

고전14:33
하나님은 무질서의 하나님이 아니시요 오직 화평의 하나님이시니라

고전2:12
우리가 세상의 영을 받지 아니하고 오직 하나님으로부터 온 영을 받았으니 이는 우리로 하여금 하나님께서 우리에게 은혜로 주신 것들을 알게 하려 하심이라

롬8:37
그러나 이 모든 일에 우리를 사랑하시는 이로 말미암아 우리가 넉넉히 이기느니라

요16:33
이것을 너희에게 이르는 것은 너희로 내 안에서 평안을 누리게 하려 함이라 세상에서는 너희가 환난을 당하나 담대하라 내가 세상을 이기었노라

Twenty "Cans" of Success

1. Why should I say I can't when the Bible says I can do all things through Christ who gives me strength (Philippians 4:13)?

2. Why should I lack when I know that God shall supply all my needs according to His riches in glory in Christ Jesus (Philippians 4:19)?

3. Why should I fear when the Bible says God has not given me a spirit of fear, but one of power, love and a sound mind (2 Timothy 1:7)?

4. Why should I lack faith to fulfil my calling knowing that God has allotted to me a measure of faith (Romans 12:3)?

5. Why should I be weak when the Bible says that the Lord is the strength of my life and that I will display strength and take action because I know God (Psalm 27:1; Daniel 11:32)?

6. Why should I allow Satan supremacy over my life when He that is in me is greater than he that is in the world (1 John 4:4)?

7. Why should I accept defeat when the Bible says that God always leads me in triumph (2 Corinthians 2:14)?

8. Why should I lack wisdom when Christ became wisdom to me from God and God gives wisdom to me generously when I ask Him for it (1 Corinthians 1:30; James 1:5)?

9. Why should I be depressed when I can recall to mind God's loving kindness, compassion and faithfulness and have hope (Lamentations 3:21-23)?

10. Why should I worry and fret when I can cast all my anxiety on Christ who cares for me (1 Peter 5:7)?

11. Why should I ever be in bondage knowing that, where the Spirit of the Lord is, there is freedom (2 Corinthians 3:17; Galatians 5:1)?

12. Why should I feel condemned when the Bible says I am not condemned because I am in Christ (Romans 8:1)?

13. Why should I feel alone when Jesus said He is with me always and He will never leave me nor forsake me (Matthew 28:20; Hebrews 13:5)?

14. Why should I feel accursed or that I am the victim of bad luck when the Bible says that Christ redeemed me from the curse of the law that I might receive His Spirit (Galatians 3:13,14)?

15. Why should I be discontented when I, like Paul, can learn to be content in all my circumstances (Philippians 4:11)?

16. Why should I feel worthless when Christ became sin on my behalf that I might become the righteousness of God in Him (2 Corinthians 5:21)?

17. Why should I have a persecution complex knowing that nobody can be against me when God is for me (Romans 8:31)?

18. Why should I be confused when God is the author of peace and He gives me knowledge through His indwelling Spirit (1 Corinthians 14:33; 1 Corinthians 2:12)?

19. Why should I feel like a failure when I am a conqueror in all things through Christ (Romans 8:37)?

20. Why should I let the pressures of life bother me when I can take courage knowing that Jesus has overcome the world and its tribulations (John 16:33)?

제2부

세상, 육신 그리고 마귀 :

세상과 육신, 그리고 마귀는 우리를 매일 진리로부터

멀어지도록 음모를 꾸미고 있습니다.

4-7과를 통해 이 세 가지 실체가 어떻게 우리의 삶에 역사하는지를

살펴봄으로 우리가 진리 안에 견고히 설 수 있는 토대를 마련하고자 합니다.

제4과

진리에 관한 세상의 관점

> ▷ **핵심 구절**
>
> "너희는 이 세대를 본받지 말고 오직 마음을 새롭게 함으로 변화를 받아 하나님의 선하시고 기뻐하시고 온전하신 뜻이 무엇인지 분별하도록 하라" (롬12:2)
>
> ▷ **목표**
>
> 그리스도인들이 세상의 가르침을 믿는 것에서부터 돌아서서, 하나님께서 말씀하신 것이 진리라는 것을 믿기 위해서는 확실한 결단을 할 필요가 있음을 이해한다.
>
> ▷ **핵심 진리**
>
> 우리가 자라왔던 세상은 우리의 삶을 특별한 방식으로 보게 하고, 그런 방식을 '진리'라고 믿도록 영향을 미쳤다. 그러나, 그것이 진리이신 하나님의 말씀과 부합하지 않는다면, 우리는 그것을 거절하고, 우리의 믿음을 참으로 진리인 것에 맞출 필요가 있다.

◈ **들어가기**

만일 당신이 세상 어느 나라에나 갈 수 있다면, 어디를 선택하겠습니까? 만일 당신이 그곳에서 자라났다면, 당신이 세상을 보는 방식과 당신이 믿는 바가 지금과 어떻게 다를지 함께 나누어봅시다.

• '세상'이란 무엇인가?

"그는 허물과 죄로 죽었던 너희를 살리셨도다. 그때에 너희는 그 가운데서 행하여 이 세상 풍조를 따르고 공중의 권세 잡은 자를 따랐으니 곧 지금 불순종의 아들들 가운데서 역사하는 영이라." (엡2:1-2)

세상은 우리가 자라왔고 지금 살고 있는 시스템 혹은 문화를 말합니다.

사탄은 '이 세상 임금'이라고 불립니다(요12:31). 그는 세상의 배후 실력자로서, 상당하게 세상을 움직이며, 세상을 통해 역사합니다.

• 세상의 전략

▶ 전술 1. 우리의 깊은 필요를 채울 수 있다고 약속한다
우리는 중요함과 안전 그리고 용납에 대한 본질적인 필요를 가진 존재로 창조되었습니다.
그래서, 우리는 본능적으로 그것들을 채우기 위하여 세상의 거짓 약속을 붙듭니다.(14쪽 세상의 잘못된 방법들 참조)
요한일서 2:15-17은 세상이 우리를 넘어뜨리려고 하는 세 가지 방식에 대해서 말해줍니다.

• 육신의 정욕
우리가 세상의 거짓말에 따라 행동하면 할수록, 세상의 행동방식이 고착됩니다.

• 안목의 정욕
세상은 시각적인 이미지들을 통하여 우리의 눈을 사로잡습니다.
예수님은 눈이 '몸의 등불'이라고 말씀하셨습니다(마6:22-23).

• 이생의 자랑
세상은 '우리를 소중한 존재로 만드는 것은 소유 혹은 성취다'라고 하는 거짓말로 우리를 유혹합니다.

예)
1. 육신의 정욕 : 탐식, 미식, 성적 쾌락…
2. 안목의 정욕 : 스마트폰, 드라마, 명품…
3. 이생의 자랑 : 번듯한 직장, 학벌, 자동차, 집, 허세, 자녀의 성적…

◎ **나눔을 위한 질문**
당신은 육신의 정욕과 안목의 정욕, 이생의 자랑 중 어느 것에 가장 취약한지 살펴보고 나누어 봅시다. (요일2:15-17)

▶ 전술 2. 실재(Reality)에 대한 거짓된 그림을 그럴듯하게 보여준다

우리 모두는 '세계관'을 가지고 있습니다.

'세계관'이란 실재(Reality)를 보는 방식으로, 사람이 자라온 시대와 장소에 따라서 형성됩니다. 실재는 변하지 않을지라도 실재를 보는 방식은 변합니다.

당신의 세계관은 필터와 같습니다. 당신은 주위에 일어나는 모든 일들을 세계관을 통해 그 의미를 해석합니다. 만일 그 세계관에 문제가 있다면, 당신은 삶에 대한 잘못된 판단을 하게 됩니다. 다음의 몇 가지 다른 세계관들의 예를 봅시다.

1. 샤머니즘
    - 우리의 삶이 우주적 힘과 여러 영들에 의해 조종된다는 믿음
    - 우리의 유익을 위해서 영적인 세력을 조종할 수 있는 전문가가 필요하다.

2. 유교
- 질서(order)와 조화(harmony)로 대표되고 한국인의 의식 세계에 지대한 영향을 미쳤다.
- 예외 없이 자신의 자리가 정해지는데(남편과 아내, 형과 동생 등) 각자에게 주어진 규범과 예의를 강조하며, 개인은 독립된 인격자라기보다는 종적 형태의 불평등한 관계하에 있게 된다.
- 대인관계에 따라 윤리기준이 달라지고 가족, 혈연, 친지, 동창관계 등에 중요성을 두는 까닭에 의리, 인정이 앞서고 합리적인 사고는 약화될 가능성이 높다.

3. 물질주의
- 물질주의(유물론)는 세계의 근본이 되는 실재가 정신이나 관념이 아니라 물질의 작용이나 그 산물이라고 주장하는 이론이다.
- 가장 대표할 만한 이론으로 기계적·관념론적 유물론(모든 현상을 자연 인과 관계와 역학에 토대한 법칙으로 해석하려는 방식)과 역사적·변증법적 유물론(물질에 기초한 생산력을 가장 중시하며 역사 발전의 원동력은 인간의 의식, 관념이 아니라 물질에 토대한 생산 양식이라고 설명) 등이 있다.

4. 모더니즘
- 실재(Reality)를 '자연'과 '초자연'으로 나누고, '자연'에만 초점을 맞춘다.
- 영적인 요소는 일상생활과 무관한 것으로 본다.
- 실재(Reality)란 우리가 보고, 만지고 측정할 수 있는 것만으로 정의된다.

5. 포스트 모더니즘
- 객관적 진리는 존재하지 않는다.
- 모든 사람은 각자 자신의 진리가 있다.
- 개개인의 진리는 다른 모든 사람의 진리처럼 유효하다.
- 만일 내 '진리'에 동의하지 않거나 내 행동을 인정하지 않는다면, 당신은 나를 거부하는 것이다.

성경적 세계관

진리는 엄연히 존재합니다.
하나님은 진리이십니다.
믿음과 논리는 양립할 수 있습니다.

세상의 모든 사람들이 직면할 수밖에 없는 다음의 중요한 질문을 생각해봅시다.
⇒ 우리가 죽으면 어떻게 됩니까?

- 힌두교는 한 영혼이 죽으면 다른 형태로 환생한다고 가르칩니다.
- 기독교는 영혼이 천국이나 지옥에서 영원히 있을 것이라고 가르칩니다.
- 무신론자들은 인간은 영혼이 없으며, 죽으면 그 존재는 단순히 끝난다고 믿습니다.
- 포스트모더니즘은 당신이 다른 사람에게 상처를 주지 않는 한, 당신이 믿고 싶은 대로 믿으면 된다고 말합니다.
- 유교는 죽으면 조상들에게 돌아간다고 하며, 이 땅에서도 조상의 음덕으로 살아간다고 말합니다.

당신이 믿는 바대로 사후 세계가 펼쳐질까요? 아니면 당신이 무엇을 믿는가에 상관없이 사후 세계가 동일하게 펼쳐질까요?

논리적으로는 당신이 무엇을 선택해서 믿느냐에 상관없이 모두가 똑같은 경험을 하게 될 것입니다.

하나님은 진리이시기 때문에, 모든 진정한 진리는 그분의 것입니다. 사람이 어느 시대에 어디에서 태어났는지와 상관없이 하나님은 모든 장소에 있는 모든 사람들에게 항상 진리가 되십니다.

◎ **나눔을 위한 질문**
당신은 우리가 방금 살펴본 비성경적 세계관 중 어떤 것에 영향을 받았습니까?
만일 당신이 다른 나라에서 살았다면 당신의 세계관은 지금과 비교해서 어떻게 다를 것 같습니까?

▶ 전술 3. 혼합주의

우리에게는 핵심믿음체계(core belief system), 즉 우리의 원래 세계관이 있습니다.
우리가 그리스도인이 될 때, 우리는 그 핵심을 그대로 남겨둔 채 그 위에 기독교 신앙을 단지 덧칠하기가 쉽습니다.

만일 이것을 자각하지 못한다면 외부의 압력이 우리를 떠밀 때, 우리는 다시 우리의 핵심믿음으로 돌아갑니다.

"그리스도인의 믿음은 그것이 역사하기(work) 때문에 진리인 것이 아니다; 그것이 진리이기 때문에 역사하는(work) 것이다… 그것은 단순히 '우리를 위한 진리'가 아니다. 그것은 진리를 찾고자 구하는 누구에게나 진리인 것이다. 진리란 아무도 안 믿을지라도 진리이며, 거짓은 모든 사람들이 믿을지라도 거짓이다."
[오스 기네스, 진리를 위한 시간 [Time for Truth, Os Guinness, Baker Books, 2000], p. 79-80]

◎ **나눔을 위한 질문**
어떻게 그리스도인들이 자신의 믿음을 다른 세계관과 혼합하고 짜맞추는지 예를 들어 보십시오. 당신의 삶 속에도 그런 경향을 볼 수 있습니까?

당신은 세상으로 말미암아 형성된 핵심믿음체계를 제거하기로 결단하고, 성경적 세계관을 따르기로 자신을 드린 적이 있습니까? 만일 그렇다면, 이 세상 속에서 어떻게 성경적 세계관에 따라 살아갈수 있을지 함께 나눠봅시다.

[결단의 기도] 주 예수님, 세상이 나에게 어떤 조롱을 할지라도, 나는 주님의 말씀 즉 성경에서 주님께서 진리라고 말씀하신 것만을 믿기로 오늘 결단합니다. 나는 더 이상 두 마음을 품지 않기로 선택하며, 둘 사이의 담장을 헐어버림으로써 주 예수님 당신만을 신뢰하기로 선택합니다. 나는 나의 이전 세계관을 고백하고 버립니다. 그리고, 오늘 나의 인생을 주님의 말씀 속에 있는 진리에 세우기로 새롭게 헌신합니다. 나는 주님의 말씀이 진리로 드러날 것과 주님께서 저에게 신실하실 것을 믿습니다. 아멘.

♣ **증거하기**
주변에 포스트 모던적 세계관을 가지고 살아가는 믿지 않는 사람이 있다면, 당신은 그에게 복음과 하나님 나라이야기를 어떻게 설명할 수 있겠습니까? 자신의 말로 요약정리해봅시다.

♣ **다음 주를 위한 준비**
성령께서 당신을 모든 진리 가운데로 인도하여 주시고, 당신의 성장과정 가운데서 습득한 비성경적 세계관이 무엇인지 드러내주시길 구합시다.

제5과

육신의 정욕

▷ **핵심 구절**
"만일 너희 속에 하나님의 영이 거하시면 너희가 육신에 있지 아니하고 영에 있나니"(롬8:9a)

▷ **목표**
비록 우리가 전적으로 하나님을 의지하고 성령의 인도함을 따르지 못하게 하는 것들이 여전히 있다 할지라도, 우리는 더 이상 그것들에 굴복할 필요가 없으며 참된 선택을 하기에 자유롭다는 것을 이해한다.

▷ **핵심 진리**
당신은 그리스도 안에서 새로운 본성을 가진 새 사람이며 성령이 당신에게 말씀하시는 것에 따라 살기에 자유롭지만, 성령에 순종하는 것이 자동적으로 되는 것은 아니다.

◈ **들어가기**
당신이 정말 하고 싶지만 하지 못하고 있는 것은 무엇입니까? 함께 나누어 봅시다.

• 새 마음, 새 생명, 새 주인

▶ 우리가 그리스도인이 될 때 무슨 변화가 일어나는가?

- 우리 안에 새 마음과 새 영을 소유하게 됩니다(행2:17-18).
- 우리는 그리스도 안에서 새 생명을 얻게 됩니다(고후5:17; 엡5:8).
- 우리에게는 새로운 주인이 생깁니다(골1:13).

▶ 우리가 그리스도인이 될 때 변하지 않는 일은 무엇인가?

① 우리의 몸은 변하지 않습니다

② 우리의 육신은 사라지지 않습니다
　육신이란 '타락한 인간에게 자연적으로 나타나는 욕구'를 의미합니다.

　하나님과 그분의 말씀을 대적하던 육신의 생각은 여전히 우리 안에서 올라옵니다.
　그리고 그것에 따라 살아가곤 합니다(롬8:5-7a).

　그래서 우리는 마음을 새롭게 함으로써 육신의 생각이 아닌 하나님의 진리에 따라 생각하는 방식을 훈련해야 합니다(롬12:2).

③ 우리는 여전히 죄를 짓기도 합니다
　죄는 여전히 살아서 영향력을 미치는 것이 사실입니다(롬6:11).
　그렇다면 여전히 영향력을 가지고 있는 죄의 법을 어떻게 극복할 수 있을까요? 그것은 더 강력한 법으로 가능합니다. 우리는 죄인이 받아야 하는 영원한 형벌에 처해지지 않습니다.
　"그리스도 예수 안에 있는 생명의 성령의 법이 죄와 사망의 법에서 너를 해방하였음이라"
　(롬8:2)

• 무엇을 선택할 것인가?

- 비록 우리는 더 이상 우리의 육신에 따라 생각하거나 반응하지 않을 수 있음에도 불구하고 우리는 그렇게 선택하곤 합니다.
- 비록 죄는 우리에게 어떤 힘도 발휘하지 못하지만, 우리는 그렇게 되도록 선택할 수 있습니다.

우리는 때로 죄를 짓지만 그것이 우리가 그리스도인이 된 것과 하나님이 우리를 사랑하신다는 사실을 바꿀 수 없습니다. 그러나 우리 매일의 삶 속에서 진리이신 하나님의 말씀을 믿고 따르는 선택의 여부에 따라 그 결과는 다르게 나타납니다.

• 세 종류의 사람 (고전2:14-3:3)

① 자연에 속한 사람(고전2:14; 엡2:1-3)
　: 이 사람은 아직 그리스도인이 되지 않은 사람을 말합니다

- 육체적으로 살았으나 영적으로는 죽음
- 하나님과 분리됨
- 하나님을 떠나 스스로 살아감
- 육신에 따라 살아감: 육신을 따라 행동하고, 선택함 (갈5:19-21)

② 영에 속한 사람 (고전2:15)
: 온전한 상태의 그리스도인을 말합니다
- 그리스도 안에 있는 믿음을 통해 변화되고 있음
- 영혼이 지금 하나님의 영과 연합됨
- 용서받고 하나님의 가족으로 받아들여짐
- 그리스도 안에서 진정한 가치를 인식함
- 육신 대신에 하나님의 영으로부터 동기 부여됨
- 마음을 새롭게 함(옛날의 사고방식들을 제거하고, 진리로 대체함)
- 혼란 대신에 평안과 기쁨을 누림
- 성령을 따라 살기를 선택하기에 성령의 열매를 맺음 (갈5:22-23)
- 이미 죄의 굴레가 끊어졌다는 진리를 붙들고, 매일 자아를 십자가에 못박으며 살아감 (롬6:11-14)

③ 육신에 속한 사람 (고전3:3)
: 영적으로는 살리심을 받았지만, 성령을 따라 살아가기보다는 육신의 정욕에 따라 살아가는 그리스도인을 말합니다.
이들의 일상은 영에 속한 사람보다는 자연에 속한 사람을 닮아가는 경향이 있습니다.

- 잘못된 생각들로 마음이 채워져 있음
- 부정적인 감정들에 휘둘림
- 그리스도 안에서의 자신의 정체성에 합당하지 않은 삶
- 열등감, 불안감, 부적합함, 죄책감, 걱정, 의심 등
- 특정한 죄들에 묶여 있음 (롬7:15-24)

이 사람의 구원은 아무런 문제가 없습니다. 그렇지만 그는 열매 맺는 삶을 살지 못합니다.

◎ **나눔을 위한 질문**

불안, 열등감, 부적합함, 걱정, 죄책감, 의심 중에 당신은 어떤 감정에 많이 시달리는지 나누어 봅시다.

당신은 영에 속한 사람과 육에 속한 사람 중 어떤 사람으로 보내는 시간이 많은지 생각해 봅시다.

• 이제 우리에게 달려있다!

"그의 신기한 능력으로 생명과 경건에 속한 모든 것을 우리에게 주셨으니 이는 자기의 영광과 덕으로써 우리를 부르신 이를 앎으로 말미암음이라" (벧후1:3)

우리는 '모든 신령한 복'을 이미 가지고 있습니다(엡1:3).

당신이 그리스도 안에서 참 자유를 누리고, 열매 맺는 삶을 살기 위해, 하나님께서 더 하셔야 할 일이 있습니까? 아니면, 다른 어느 누구라도 더 보충해야 할 일이 있습니까?

하나님께서 모든 것을 주셨기에 믿음으로 받아들이고 선택함으로써 우리는 성장할 수 있습니다.

• 성장하지 못하게 하는 장애물

① 깨닫지 못함
  - 하나님께서 우리가 영적으로 성장할 수 있도록 모든 것을 주셨다는 사실에 대한 무지
  - 그리스도 안에서 새로운 신분으로 변화되었다는 사실에 대한 무지
  - 우리가 행동을 취할 때 역사가 일어난다는 사실에 대한 무지

② 속임수(골2:6-8)
  일반적으로 속임당하는 내용
  - "다른 사람에겐 그것이 해당될지 몰라도, 내 경우엔 달라. 나에게는 맞지 않을 수 있어."
  - "나는 결코 _____ 같은 믿음을 가질 수 없을거야."
  - "하나님이 결코 나를 사용하지는 않으실거야."
  - "나는 결코 죄를 극복할 수 없을거야."

③ 해결되지 않은 관계와 영적인 갈등들
죄는 우리의 대적 마귀에게 틈을 주어, 우리가 앞으로 나아가지 못하도록 붙듭니다(엡4:26-27). 많은 사람들이 회개하지 않은 채 믿음으로 나아옵니다.

그리스도 안에서 자유를 위한 7 steps 과정은 당신의 삶을 점검할 수 있는 좋은 도구입니다. 이것을 통해 성령님께서 당신이 아직 회개하지 않은 영역을 보여주시며, 대적의 영향력으로부터 자유로울 수 있도록 돕습니다.

• 이제 진정한 선택은 성령을 따라 살기로 선택하는 것이다

우리가 느끼는 감정과 상관없이 진리를 믿기로 결단하였다면, 해결되지 않은 영적 갈등들을 다루고 있다면, 우리는 매일 자유롭게 선택을 할 수 있습니다.
우리는 육신의 충동에 따라 살든지, 아니면 성령을 따라 살든지 선택을 할 수 있습니다. 이 둘은 서로를 대적합니다(갈5:16-17).

우리는 과거 아담과 하와가 타락하기 전에 있었던 자리로 되돌아와 있습니다. 이제 그 자리에서 그들처럼 자유로운 선택을 할 수 있습니다.

성령을 따라 산다는 것은

- 단지 좋은 감정이 아닙니다

- 원하는 것은 무엇이든지 할 수 있는 방종이 아닙니다
  "육체의 소욕은 성령을 거스르고 성령은 육체를 거스르나니 이 둘이 서로 대적함으로 너희가 원하는 것을 하지 못하게 하려 함이니라" (갈5:17)

- 규칙이 아니라 성령과의 인격적인 관계로 나아가는 것입니다
  "너희가 만일 성령의 인도하시는 바가 되면 율법 아래 있지 아니하리라" (갈5:18)

- 참된 자유입니다
  "주의 영이 계신 곳에는 자유함이 있느니라" (고후3:17)
  "진리를 알지니 진리가 너희를 자유롭게 하리라" (요8:32)

- 인도를 받는 것입니다
"내 양은 내 음성을 들으며 나는 저희를 알며 저희는 나를 따르느니라"(요10:27)

- 바른 방향으로 하나님과 함께 동행하는 것입니다
"수고하고 무거운 짐 진 자들아 다 내게로 오라 내가 너희를 쉬게 하리라 나는 마음이 온유하고 겸손하니 나의 멍에를 메고 내게 배우라 그러면 너희 마음이 쉼을 얻으리니 이는 내 멍에는 쉽고 내 짐은 가벼움이라 하시니라"(마11:28-30)

성령으로 살고 있는지 어떻게 알 수 있습니까?

열매를 보면 나무를 알 수 있듯이, 당신 삶의 열매를 통해 성령을 따라 사는지 그렇지 않은지를 알 수 있습니다(갈5:19-23).

성령을 따라 사는 것은 순간 순간, 매일 매일의 경험입니다. 당신은 매일의 모든 순간마다 육신을 따라 살지 않고 성령을 따라 살기로 선택할 수 있습니다.

◎ **나눔을 위한 질문**
갈라디아서 3:3을 읽으십시오. 당신 자신의 삶을 돌아볼 때, 그리스도인이었지만 여전히 자신의 인간적인 노력과 애씀으로 살아가려고 했던 때는 언제였습니까?
만일 우리가 성령의 인도하심 가운데 있다면, 우리는 어떻게 그분의 음성을 듣고 아는 법을 배울 수 있을까요? 함께 나누어 봅시다.

♣ **증거하기**
육신의 정욕에 시달리는 친구가 있다면, 성령님을 의지하여 그것을 극복할 수 있도록 도울 수 있을 것입니다. 만약 그 친구가 아직 예수님을 믿고 있지 않다면 어떻게 하면 성령님을 의지하여 극복하도록 도울 수 있을까요? 그 길을 모색하여 봅시다.

♣ **다음 주를 위한 준비**
매일 구체적인 삶의 영역에서 성령을 따라 살 수 있도록 당신 자신을 드리며, 성령의 충만함을 구합시다.

제6과

견고한 요새 부수기

▷ **핵심 구절**

"[우리가] 모든 이론을 무너뜨리며 하나님 아는 것을 대적하여 높아진 것을 다 무너뜨리고 모든 생각을 사로잡아 그리스도에게 복종하게 하니" (고후10:5)

▷ **목표**

*견고한 요새*가 무엇이며 그것들이 어디서 왔는지를 이해하여, 우리의 마음을 새롭게 함으로써 그것들을 무너뜨릴 수 있도록 하는 것.

▷ **핵심 진리**

우리 모두는 정신적인 *견고한 요새*, 즉 하나님의 진리와 부합하지 않는 사고 방식들을 가지고 있다.

◆ **들어가기**

당신이 지금까지 들은 말 중에서 가장 상처가 되는 말은 무엇입니까? 당신은 그 말로부터 자유합니까? 아니면 계속해서 당신의 마음에 남아있습니까?

• 견고한 요새는 무엇인가?

"그리스도께서 우리를 자유롭게 하려고 자유를 주셨으니…" (갈5:1)

만일 당신이 진리와 연결되어 있지 않다면, 그것은 당신의 회개가 부족하거나, 아니면 정신적 **견고한 요새** 때문일 것입니다.

견고한 요새는 육신과 연결되어 있습니다.

우리가 육신으로 태어났을 때, 우리의 삶에는 하나님의 임재가 없었고, 하나님의 방식에 관한 지식도 없었습니다. 우리의 삶의 처음 기간 동안에 우리는 하나님과 상관없이 사는 법을 배웠습니다 - 우리는 하나님을 우리 마음에 두지 않고 살아왔는데 우리는 실제로 달리 선택의 여지가 없었습니다. 그러던 어느 날 우리는 그리스도 안에서 새로운 피조물이 되었습니다. 그러나 우리는 누구도 과거 죄된 육신적 습성들을 '지움' 단추를 눌러 없애지 못합니다. 우리가 개발해 왔던 모든 거짓 신념들과 대처 방안들은 여전히 우리 마음에 남아 있고 우리 각각은 다른 기질과 성격대로 거짓된 정보, 즉 거짓말에 따라 행동하는 경향들을 가지고 살아갑니다. 이 거짓 진리로 습성화된 사고방식이 **견고한 요새**이며, 이는 마귀가 우리를 공격할 발판과 빌미를 제공합니다.

에드 실보소는 **견고한 요새**란 '절망이 스며든 사고방식(mind-set)으로 하나님의 뜻과 반대되는 상황임을 알면서도 바꿀 수 없다고 받아들이는 것'이라고 말합니다.
(에드 실보소, 아무도 멸망하지 않기를[That None Should Perish, Ed Silvoso, Regal Books, 1994, P155])

닐 앤더슨은 **견고한 요새**란 '하나님의 말씀과 상반된 습관적인 사고 패턴들'이라고 말합니다.

견고한 요새는 그리스도인 답지 않은 감정과 행동을 통해서 나타납니다. 이것은 또한 우리가 해야 한다는 것을 알면서도 할 수 없다고 느끼게 하거나 우리가 하면 안 된다는 것을 알면서도 멈출 수 없을 것 같이 느끼게 합니다. 이것들은 뿌리깊은 거짓을 기반으로 하고 있습니다.

◎ **나눔을 위한 질문**

로마서6:1-7, 고린도후서10:3-5를 읽으십시오. 이 구절들에서 우리는 죄에 대해서 죽고, 더 이상 죄의 종이 되지 않는다고 말합니다. 당신은 잘못되었다는 것을 알면서도 빠져나올 수 없을 것 같은 행동 패턴에 묶여 있었던 적이 있었습니까? 무엇이 옳은지를 알면서도 그것을 행할 수 없는 자신을 발견한 적은 있습니까? 그 때 당신의 영적, 정서적 반응은 어떠했는지 나누어 봅시다.

• **견고한 요새는 어떻게 세워지는가?**

① 우리의 환경

우리가 사는 타락한 세상은 하나님을 향하여 적대적입니다.
- 우리는 그리스도를 알기 전부터 이 세상에서 매일 살아왔습니다.
- 우리는 자기가 살아온 환경(가정, 지역사회, 학교, 친구 등)에 순응하도록 길들여져 있습니다.
- 우리의 환경은 우리로 하여금 정신적인 **견고한 요새**를 만드는 행동 패턴들을 개발하게 만들 수 있습니다.

② 충격적인 경험

살아가면서 경험한 감당하기 어려운 충격들로 말미암아 **견고한 요새**가 세워집니다.
(가족의 죽음, 이혼, 각종 폭력 등)
만일 당신의 믿음이 진리에 근거한 것이 아니라면, 당신의 감정은 실재(Reality)를 반영하지 않는 것입니다.

③ 유혹

견고한 요새는 우리가 유혹에 반복적으로 넘어질 때 구축되며 더욱 강화됩니다. 모든 유혹은 당신이 하나님으로부터 독립적으로 살아가도록 자극합니다. 유혹은 때로 우리의 정당한 필요를 기반으로 합니다. 중요한 것은 그러한 필요가 세상, 육신 그리고 마귀에 반응함으로 채워지는가, 아니면 그리스도 안에 있는 영광스러운 부요함으로 우리의 모든 필요를 채우겠다고 약속하신 하나님을 통해 채워지는가 입니다.

• 죄가 마음의 문 앞에 엎드릴 때

"....선을 행하지 아니하면 죄가 문에 엎드려 있느니라. 죄가 너를 원하나 너는 죄를 다스릴지니라." (창4:7)

"사람이 감당할 시험 밖에는 너희가 당한 것이 없나니 오직 하나님은 미쁘사 너희가 감당하지 못할 시험당함을 허락하지 아니하시고 시험당할 즈음에 또한 피할 길을 내사 너희로 능히 감당하게 하시느니라" (고전10:13)

유혹(죄)이 당신의 마음에 들어오는 그 순간에 하나님께서는 모든 유혹(시험)을 피할 수 있는 길을 준비하여 주십니다. 이 때가 "모든 생각을 사로잡아 그리스도에게 복종하게"(고후10:5) 할 수 있는 기회입니다.

> ◎ **나눔을 위한 질문**
> 당신이 이기기 어려운 시험을 당할 때 어떤 말씀으로 격려를 받을 수 있겠습니까?
> 과거 당신이 유혹에 빠졌던 때를 돌아봅시다. 앞으로 다가올 유혹을 이기기 위해서 당신은 어떻게 준비할 수 있겠습니까?

• 견고한 요새의 영향력

① 실재(Reality)에 대한 왜곡된 관점
견고한 요새는 우리의 감정을 왜곡시켜 우리가 진정한 진리를 보는 것을 방해하는 경향이 있습니다. (엡4:14)
그러나 성경은 이렇게 말씀합니다.

"이는 하늘이 땅보다 높음같이 내 길은 너희의 길보다 높으며 내 생각은 너희의 생각보다 높음이니라" (사55:9)

② 나쁜 선택들
우리가 하나님과 그의 길을 아는 것에 헌신한다면 우리는 더 나은 선택들을 할 것입니다. 하나

님께서는 우리에게 가장 좋은 것을 주시길 원하시며 무엇이 최선인지 아십니다.

"너는 마음을 다하여 여호와를 신뢰하고 네 명철을 의지하지 말라. 너는 범사에 그를 인정하라 그리하면 네 길을 지도하시리라" (잠3:5-6)

◎ 나눔을 위한 질문
하나님께서 말씀하신 것이 진리임에도 불구하고, 그렇지 않은 것처럼 느껴질 때, 당신은 그 진리를 믿기로 선택한 적이 있습니까? 그랬을 때, 그 결과는 어땠습니까? 함께 나누어 봅시다.

• 견고한 요새 부수기

견고한 요새를 참고 견뎌야 합니까? 그렇지 않습니다.

"우리가 육신으로 행하나 육신에 따라 싸우지 아니하노니 우리의 싸우는 무기는 육신에 속한 것이 아니요 오직 어떤 **견고한 요새**도 무너뜨리는 하나님의 능력이라 모든 이론을 무너뜨리며 하나님 아는 것을 대적하여 높아진 것을 다 무너뜨리고 모든 생각을 사로잡아 그리스도에게 복종하게 하니" (고후10:3-5)

'바이러스를 체크하듯' 우리가 원수의 빌미가 되는 **견고한 요새**를 발견하고 다룰 수 있게 된다면 생각과 행동의 습관적인 방식을 바꿀 수 있습니다.

우리는 "모든 생각을 사로잡아 그리스도에게 복종함"으로 우리의 생각을 지켜가야 합니다. (고후10:5)

• 온전한 해결책

만약 우리가 온전한 해결책을 원한다면, 우리는 세상과 육신뿐만이 아니라 사탄과도 싸워야 함을 알아야 합니다. 다음 과에서 우리는 마귀의 역할을 살펴볼 것입니다. 사실, 마귀는 이 세 가지 중에서 우리가 가장 해결하기 쉽습니다.

♣ **증거하기**
개인적으로 극복하기 어려운 성격적인 집착이나 중독이 있는 사람을 돕고자 한다면, 이 과에서 배운 대로 그들이 가지고 있는 거짓진리를 분별할 때 효과적으로 도울 수 있을 것입니다. 이 과정에서 예수님의 도우심의 필요성을 어떻게 설명해야 할지 글로 정리해보도록 합시다.

♣ **다음 주를 위한 준비**
한 주 동안 고린도후서 10:3-5, 로마서 8:35-39, 빌립보서 4:12-13를 묵상하시기 바랍니다.

제7과

마음의 전쟁

▷ **핵심 구절**
"마귀의 간계를 능히 대적하기 위하여 하나님의 전신갑주를 입으라." (엡6:11)

▷ **목표**
비록 우리의 원수 마귀가 끊임없이 우리로 하여금 거짓말을 믿도록 유혹하고 있다 할지라도 우리는 마음에 들어오는 모든 생각을 믿을 필요는 없으며, 각각의 생각을 진리에 비추어 그것을 받아들일 것인지 또는 거부할 것인지를 결정할 수 있음을 이해한다.

▷ **핵심 진리**
전투는 우리 마음 안에서 일어난다. 만일 우리가 사탄이 어떻게 일하는지 안다면, 우리는 그의 간계에 빠지지 않을 것이다.

◆ **들어가기**
당신은 누군가에게 감쪽같이 속임을 당한 적이 있습니까? 아니면 당신이 누군가를 그렇게 속인 적이 있습니까? 함께 나누어 봅시다.

• **전쟁은 현실이다**

예수님은 마귀의 일을 멸하기 위해 오셨습니다(요일3:8).

서구의 세계관 속에서 성장한 사람들은 영적세계의 실상을 무시하거나, 아니면 그것을 인정하더라도 마치 존재하지 않는 것처럼 행동합니다. 반면에 동양의 세계관에서 성장한 사람들은 영적세계의 실상을 자연스럽게 인정하지만, 그것을 과도하게 자신들과 세상에 연결시킵니다. (역자 추가. 원래는 서구의 세계관 속에서 성장한 사람에 대한 묘사만 나옴.)

우리는 우리가 좋아하든지 그렇지 않든지 상관없이 전쟁 중에 있습니다. 바울은 우리의 싸움은 혈과 육을 상대하는 것이 아니요, 하늘에 있는 악의 영들을 상대로 한다고 분명히 말합니다(엡6:12).

• 사탄은 어떤 존재인가?

① 사탄은 타락한 천사장입니다(사14:12)
'아담과 하와'는 세상을 다스리는 권한을 사탄에게 넘겨주었습니다(창1:26-28; 3:1-7). 그래서 예수님은 사탄을 세상의 임금(통치자)이라고 불렀습니다(요12:31).

② 사탄은 하나님과 동등하지 않습니다
우리는 세계를 '자연'과 '초자연'으로 구분하는 경향이 있지만, 성경은 '창조주'와 '피조물'로 구분합니다(요1:3). 사탄은 우리와 같은 피조물인 반면, 하나님께서는 창조주이십니다. 그래서 둘은 절대 비교대상이 될 수 없습니다.

③ 사탄은 시공간의 제약을 받습니다
사탄은 피조물이기에 시간과 공간의 제약을 받아 한 번에 한 장소밖에 있을 수 없습니다. 오직 하나님께서만이 한 번에 모든 곳에 계실 수 있습니다.

④ 사탄의 능력과 권세는 그리스도의 능력과 권세와 결코 비교조차 할 수 없습니다
예수님은 십자가에서 사탄을 무력화 시키셨습니다(골2:15).
이제 예수님은 모든 능력들과 권세들보다 더 뛰어나십니다(엡1:21).

⑤ 사탄은 모든 것을 알지 못합니다
사탄은 완벽하게 당신의 마음을 읽을 수 없습니다. 예를 들어, 다니엘서 2장에서 마귀의 힘을 이용하는 주술사들은 느부갓네살의 마음을 읽을 수 없었습니다. 또한 사탄은 피조물이며, 하나님의 속성을 가지고 있지 않습니다.

• 사탄은 어떻게 일하는가?

① 사탄은 '통치자들, 권세자들, 능력들, 하늘에 있는 악의 영들'을 통해 일합니다 (엡6:12)

② 우리 마음에 악한 생각을 넣습니다
"그러나 성령이 밝히 말씀하시기를 후일에 어떤 사람들이 믿음에서 떠나 미혹하는 영과 귀신의 가르침을 따르리라 하셨으니" (딤전4:1)

사탄이 사람의 마음에 생각을 넣는 성경의 세 가지 예
- "사탄이 일어나 이스라엘을 대적하고 다윗을 충동하여 이스라엘을 계수하게 하니라" (대상 21:1)
- "마귀가 벌써 시몬의 아들 가룟 유다의 마음에 예수를 팔려는 생각을 넣었더라" (요13:2)
- "베드로가 이르되 아나니아야 어찌하여 사탄이 네 마음에 가득하여 네가 성령을 속이고 땅 값 얼마를 감추었느냐" (행5:3)

만약 사탄이 우리 마음에 생각을 넣을 수 있다면, 그는 또한 그 생각들이 우리의 생각처럼 들리게 할 수 있습니다: "나는 쓸모없다", "나는 추하다" 등..

③ 유혹, 정죄, 속임수를 통해 일합니다

만일 내가 당신을 유혹하면, 당신은 알 수 있을 것입니다.
만일 내가 당신을 정죄하면, 당신은 알 수 있을 것입니다.
그렇지만, 내가 당신을 속인다면, 속임이라는 단어 뜻대로, 당신은 모를 것입니다.
속임수는 사탄의 주된 전략입니다.

◎ **나눔을 위한 질문**
지금까지 사탄에 대해 배운 것 중에서 무엇이 당신을 놀라게 했습니까? 사탄은 당신이 상상했던 것보다 더 강력합니까? 아니면 덜 강력합니까? 함께 나누어 봅시다.

④ 상습적인 죄를 통해 우리 삶에 개입할 발판(**견고한 요새**)을 마련하고 틈을 파고들어 공격합니다

에베소서 4:26-27에서는 당신이 분노를 빨리 처리하지 않으면, 당신의 삶에 사탄이 개입할 틈을 주게 된다고 말합니다.

"분을 내어도 죄를 짓지 말며, 해가 지도록 분을 품지 말고 마귀에게 틈을 주지 말라" (엡4:26-27)

용서하지 않는 죄는 사탄이 당신에게 접근할 때 이용하는 가장 큰 통로입니다.

"너희가 무슨 일에든지 누구를 용서하면 나도 그리하고 내가 만일 용서한 일이 있으면 용서한 그것은 너희를 위하여 그리스도 앞에서 한 것이니 이는 우리로 사탄에게 속지 않게 하려 함이라 우리는 그 계책을 알지 못하는 바가 아니로라" (고후2:10-11)

• 귀신과 그리스도인 간의 관계

- 우리는 그리스도인들의 귀신들림(귀신에 의해 완전히 장악된 상태)에 대해서 말하고 있는 것이 아닙니다. 당신의 존재 중심에 있는 영혼은 하나님의 영과 연합되어 있어서, 사탄은 당신의 영혼을 장악할 수 없습니다. 그렇지만, 사탄은 당신의 마음에 영향력을 미쳐서 당신을 무력화시키거나, 더 나아가 자신의 목적을 이루기 위해 당신을 이용할 수 있다는 것입니다.

- 사탄은 우리의 마음속에 거하지는 못합니다. 그곳에 예수님이 거하시기 때문입니다.

◎ **나눔을 위한 질문**
고린도후서 4:4을 읽으십시오. 사탄이 당신의 불신자 친구의 삶에 어떻게 역사한다고 생각하십니까? 예를 들어보십시오.
골로새서 4:2-3을 읽으십시오. 당신은 그들을 위해 구체적으로 어떻게 기도할 수 있습니까?
함께 기도하는 시간을 가집시다.

• 우리의 방어

① 그리스도 안에서 우리의 지위 이해하고 받아들이기

에베소서 1:19-22은 우리에게 예수님은 능력과 권세의 궁극적인 자리인 하나님의 우편에 앉아 계신다고 말합니다.

"모든 통치와 권세와 능력과 주권과 이 세상뿐 아니라 오는 세상에 일컫는 모든 이름 위에 뛰어나게 하시고" (엡1:21)
"또 함께 일으키사 그리스도 예수 안에서 함께 하늘에 앉히시니" (엡2:6)

그리스도의 완성된 사역으로 인해서, 교회는 그의 사역을 이어가기 위해 능력과 권세를 부여받았습니다. 우리의 권세는 하나님의 뜻을 행하는 것입니다. 그 이상도 그 이하도 아닙니다. 또한 우리가 성령으로 충만하다면, 우리는 하나님의 강력한 능력을 소유하게 됩니다.

② 그리스도 안에서 우리가 가진 영적 자원들을 이용하기

비록 사탄은 패배했지만, 그는 지금도 여전히 우는 사자처럼 삼킬 자를 찾고 있습니다(벧전 5:8). 그러나 우리는 그를 대적하기 위한 자원들을 받았습니다. 바울은 우리에게 하나님의 전신갑주를 입고 영적 전쟁을 치르라고 가르칩니다(엡6:11-20).

"그런즉 너희는 하나님께 복종할지어다 마귀를 대적하라 그리하면 너희를 피하리라" (약4:7)

이것이 죄를 짓고 고백하는 반복적인 사이클을 끊어내는 방법입니다. 단지 죄를 고백하는 것으로 멈추지 말고, 더 나아가 마귀를 대적해야 합니다.

③ 겁먹지 마십시오

귀신들은 그리스도 안에서 자신이 가진 능력과 권세를 알고 있는 자들을 두려워합니다.
우리는 그들로 인해 겁먹을 필요가 없습니다.

"하나님께로부터 나신 자가 그를 지키시매 악한 자가 그를 만지지도 못하느니라" (요일5:18)

④ 우리의 마음(mind)을 지키십시오

"너희 마음(mind)의 허리를 동이라" (벧전1:13)

우리가 마음을 사용하지 않고 놔둘 때 우리는 속임수에 우리 자신을 열어주게 됩니다. 우리의 생각을 항상 진리를 향해 역동적으로 움직여야 합니다. 하나님은 결코 우리의 마음을 무시하지 않습니다. 오히려 그분은 마음을 통해 일하십니다.

⑤ 진리의 불을 밝히십시오

사탄은 우리를 다스릴 어떤 능력도 갖고 있지 않습니다. 그렇지만 그가 우리를 속여 자신이 그럴 능력을 갖고 있다고 믿게 할 때, 우리는 그에게 영향을 받습니다. 우리가 진리를 믿는 데에 실패할 때, 우리는 사탄에게 그 능력을 행사할 수 있도록 허용하는 셈이 됩니다.

사탄의 거짓말을 하나님의 진리로 비추십시오. 그러면 그의 능력은 무너집니다.
"내가 세상에 속하지 아니함 같이 그들도 세상에 속하지 아니하였사옵나이다 그들을 진리로 거룩하게 하옵소서 아버지의 말씀은 진리니이다" (요17:16-17)

부정적인 생각을 하지 않으려는 시도는 소용없습니다. 그리스도인으로서 우리는 어둠을 쫓아내기 위해 부름 받은 것이 아닙니다. 우리는 진리의 불을 밝히도록 가르침을 받았습니다.
우리는 모조품에 초점을 맞추기보다, 진짜와 친숙해져야 합니다.

당신의 마음을 긍정적인 것들로 채우십시오.
"형제들아 무엇에든지 참되며 무엇에든지 경건하며 무엇에든지 옳으며 무엇에든지 정결하며 무엇에든지 사랑받을 만하며 무엇에든지 칭찬받을 만하며 무슨 덕이 있든지 무슨 기림이 있든지 이것들을 생각하라" (빌4:8)

제7과 마음의 전쟁

◎ **나눔을 위한 질문**
만일 당신이 밤중에 깨어 으스스한 마귀의 존재를 느꼈다고 합시다. 야고보서 4:7과 이번 과에서 배운 내용을 근거로, 당신은 어떻게 대처해야 한다고 생각합니까? 함께 나누고 기도하도록 합시다.

♣ **증거하기**
사탄은 아직 예수를 믿지 않는 사람들에게 어떻게 영향을 미치고 있을 것이라 생각됩니까? 이러한 사탄의 계략에 영향을 받고 있는 사람들에게 복음을 전하려면 당신이 준비해야 할 바가 무엇이라 생각합니까?

♣ **다음 주를 위한 준비**
마태복음 28:18; 에베소서 1:3-14; 2:6-10; 골로새서 2:13-15을 묵상하시기 바랍니다.

✣ 제3부 ✣

과거의 묶임으로부터 자유하기 :

하나님은 우리의 과거를 바꾸시지는 않지만,

그의 은혜로 우리가 과거로부터 자유할 수 있게 하십니다.

8-9과는 **그리스도 안에서 자유를 위한 *7 steps***과정을 포함합니다.

제8과

감정 다루기

> ▷ **핵심 구절**
> "너희 염려를 다 주께 맡기라 이는 그가 너희를 돌보심이라 근신하라 깨어라 너희 대적 마귀가 우는 사자 같이 두루 다니며 삼킬 자를 찾나니" (벧전 5:7-8)
>
> ▷ **목표**
> 우리의 감정에 대해 이해하고, 그것이 우리가 믿는 바와 어떤 연관이 있는지를 이해한다.
>
> ▷ **핵심 진리**
> 우리의 감정들은 본질적으로 우리의 생각의 산물이며 우리의 영적 건강의 계기판이다.

◆ **들어가기**
최근에 당신이 스트레스를 받았던 부분에 대해서 어떻게 대처했는지 함께 나누어봅시다.

• 우리는 우리의 감정을 직접적으로 통제할 수 없다

우리가 통제할 수 있는 것과 없는 것
- 감정은 우리의 속사람(영혼)의 상태를 반영합니다.
- 우리는 우리의 감정들을 직접적으로 통제할 수 없습니다. 그렇지만 우리가 통제할 수 있는 믿음과 행동을 변화시킴으로 차츰 감정을 변화시킬 수 있습니다.

속 사람과 겉 사람과의 관계
- 우리의 속사람(영혼)은 우리의 겉사람(육체)과 연합되어 기능하도록 창조되었습니다. 이것은 마치 뇌와 마음 사이의 연관관계와 같습니다.

- 뇌는 컴퓨터의 하드웨어처럼 기능합니다. 마음(mind)은 소프트웨어와 같은 역할을 합니다. 성경은 강력하게 마음에 대해서 강조합니다. 그래서, 진리를 선택하고, 진리를 믿고, 모든 생각을 진리에 굴복시키라는 등등의 명령을 합니다.

• 우리의 감정은 우리가 진정으로 무엇을 믿는지를 드러낸다

- 우리의 감정과 영혼의 관계는, 고통을 느끼는 우리의 감각과 몸의 관계와 같습니다.
- 당신이 믿는 것이 진리를 반영하지 않는다면, 당신의 느낌도 실재를 반영하지 않는 것입니다. 당신이 누구이며, 당신이 무엇을 느끼는지를 결정하는 것은 인생의 사건들이라기보다는, 그 사건들을 당신이 어떻게 인식하는지에 달려있습니다.
- 우리가 우리 자신을 진리에 드릴수록, 그리고 하나님께서 말씀하신 것이 진실이라고 믿을수록, 우리는 점점 더 우리의 상황을 하나님의 관점에서 볼 수 있고 우리의 감정은 덜 휘둘릴 것입니다.

진리 → 믿음 → 행동 → 감정

• 우리의 감정 다루기

가장 주요한 스트레스 원인은 과거의 경험 또는 실패를 통해 믿게 된 '나는 무기력하고, 소망이 없다'는 말입니다. 그러나 어떤 그리스도인이라도 무기력하거나 소망이 없지 않습니다. 치유는 이미 진리인 것을 인식하고 믿음으로 받아들일 때 일어납니다.

먼저 좋은 감정을 가지고 좋은 행동으로 나아가는 것이 아닙니다. 오히려 행동함으로써 좋은 감정을 갖게 되는 것입니다. 우리는 우리 행동에 변화를 일으키는 진리를 믿기로 선택하는 것부터 시작합니다. 그러면 서서히 우리의 감정에 변화가 일어납니다.

> ◎ **나눔을 위한 질문**
>
> '당신이 어떻게 느끼는지를 결정하는 것은 당신이 처한 상황이 아니라 당신이 그 상황을 어떻게 보는지에 달려 있습니다' 라는 말에 대해 당신은 어떻게 생각하십니까?
> 만일, 당신이 부정적인 감정에 의해 눌리는 경향이 있다면, 어떻게 조금 더 건강하게 하나님의 진리의 말씀에 따라 상황을 보며 극복할 수 있겠습니까?
>
> 만약 당신이 부정적인 감정들과 씨름하고 있다면, '영적 응급 처치 키트'를 만들어 보시길 바랍니다. 이 키트는 당신이 연약하다고 느낄 때, 도움을 줄 수 있는 여러 가지를 모아 놓은 것입니다. 필요할 때마다 사용할 수 있도록 준비하시길 바랍니다. 무기력하거나 절망에 빠질 때 도움을 줄 것입니다. 아래 '영적 응급 처치 키트'에 성경말씀, 기도문, 책에서 찾은 마음에 드는 문구, 좋아하는 찬양, 도움을 줄 수 있는 사람의 이름 등을 적어보십시오.

나의 영적 응급 처치 키트

말씀과 진리

힘이 되는 찬양

도움을 줄 친구

• 감정에 휘둘릴 때 쉽게 공격을 받음

분노(엡4:26-27)와 염려(벧전5:7-9)같은 감정들을 바르게 다루지 못하면 많은 문제들을 야기할 수 있습니다.

"분을 내어도 죄를 짓지 말며 해가 지도록 분을 품지 말고 마귀에게 틈을 주지 말라"(엡4:26-27)

"너희 염려를 다 주께 맡기라 이는 그가 너희를 돌보심이라 근신하라 깨어라 너희 대적 마귀가 우는 사자 같이 두루 다니며 삼킬 자를 찾나니" (벧전5:7-9)

• 어려운 감정에 반응하는 세 가지 방식

① 덮는다 (억제)
억제는 우리가 의식적으로 우리의 감정을 무시하거나 다루려고 하지 않기로 선택하는 것입니다. 이것은 해롭고 부정직합니다.
② 무분별하게 발산한다 (폭발)
무분별한 표현은 우리 주변 사람들을 해롭게 합니다. 약1:19,20을 참고하십시오.
③ 인정한다 (정직)
건강한 반응은 우리가 어떻게 느끼는지 하나님과 다른 사람들에게 정직하게 인정하는 것입니다.

> ◎ **나눔을 위한 질문**
>
> 시편 109:6-15를 읽어보십시오. 성경에 이런 말씀이 있다는 것이 놀랍지 않습니까? 이것은 거룩하고 영감된 하나님의 완전한 말씀임을 기억하십시오! 당신은 다른 사람들에 대해 이런 강렬한 감정을 느낀 적이 있습니까? 어떻게 대처했습니까? 당신의 상황에 대해 당신이 진실로 느끼는 것을 하나님께 아뢰는 것이 왜 중요하다고 생각하십니까?
>
> 우리 삶의 다양한 이슈들에 대해 우리는 진리 혹은 감정에 초점을 맞추어 풀어갈 수 있습니다. 만일 우리가 진리의 말씀으로 시작하고 그것을 믿기로 선택한다면, 이 말씀은 우리의 행동에 영향을 미치고 결국 감정의 변화를 일으킬 것입니다. 그러나 우리가 감정으로부터 시작한다면, 우리는 전혀 다른 결과에 도달하게 될 것입니다.

아래는 당신이 직면할 수 있는 3가지 상황에 대하여 진리로 시작할 경우와 감정으로 시작할 경우 나타날 수 있는 결과들을 보여줍니다. 당신은 각 사례가 실제로 그러하다고 생각합니까?

A. 나는 한계에 직면할 때, 나는 이것을 하나님을 신뢰하고 성장할 수 있는 기회로 볼 수도 있고 또는 감당할 수 없다고 생각할 수도 있다.

B. 사람들이 나를 차갑게 대하는 것처럼 보일 때, 나는 나에게 베푸시는 하나님의 은총을 신뢰할 수도 있고 또는 그들을 어떻게 대할지 몰라 당황할 수도 있다.

C. 재정적 압박을 받을 때, 나는 믿음이 성장하고 하나님의 신실하심을 경험할 수 있는 기회로 보거나 또는 염려한다.

• 진리로 시작하기

	진리 ⇒	믿음 ⇒	행동 ⇒	감정
A	하나님은 결코 나를 홀로 내버려 두지 않으신다 (사43:2,3)	하나님은 나에게 맞는 도전을 허락하심으로, 내가 충분히 통과하게 할 것이다. 그래서 나는 나를 도우시는 하나님을 신뢰한다.	도전에 긍정적인 접근	하나님께서 도우시리라는 확신
B	"하나님이 우리를 위하시면 누가 우리를 대적하리요" (롬 8:31)	나는 이 관계에서 하나님을 신뢰한다	나는 다른 사람의 무시를 넘어가고 긍정적으로 그를 대한다	내 필요에 따라 하나님께서 나에게 은총을 베푼다는 확신
C	나는 신실하게 나의 재정을 다른 사람들에게 나누었으며 하나님은 나의 필요를 채우실 것이라고 약속하셨다 (빌4:19)	하나님께서 자신의 약속을 지키시리라는 기대	하나님께서 일하실 것을 기대하며 수입을 증가시키고 지출을 감소한다	평안과 확신

• 감정으로 시작하기

	감정 ⇒	행동 ⇒	믿음 ⇒	진리에 대한 왜곡
A	요구들에 압도된다 고갈되고 감당할 수가 없어서 침체된다	기회를 놓친다. 회피한다.	나는 무기력하다	나는 영원한 실패자이다

B	나는 사람들에게 반갑지 않고, 거절당했다고 느낀다	냉대의 조짐에 (실제 or 상상) 반응한다. 또는 사람들로부터 물러선다.	나는 사랑스럽지 않으며 사람들은 나를 싫어한다	사람들이 나와 함께 있는 것을 싫어하기 때문에 나는 그들에게 분노하며 비판한다. 나는 까칠하고 짜증을 잘 내는 사람이 된다.
C	돈에 대한 염려	돈을 벌기 위해 분투하거나 인색해짐	돈을 버는 것은 다 내게 달려있다	실패시 - 분노 성공시 - 교만

• **과거의 트라우마 다루기**

하나님께서는 우리 과거의 정서적 고통이 오늘 우리에게 부정적인 영향을 미치는 것을 원치 않으십니다.

우리가 과거에 묶여 있는 것은 그 트라우마 때문이 아니라 그때에 우리가 믿은 거짓말들 때문입니다. 이러한 거짓말들이 우리 안에 머물 때, 견고한 요새가 됩니다.

하나님의 자녀들은 본래 과거의 산물들이 아닙니다. 그들은 본래 그리스도께서 십자가에서 하신 일과 그의 부활의 산물들입니다.

아무도 우리의 과거를 고칠 수는 없지만, 우리는 그것으로부터 자유로울 수 있습니다. 우리는 우리를 그리스도 안에 있는 자로 바라봄으로써 우리의 과거를 다시 해석할 수 있습니다. 우리가 우리에게 상처를 준 사람을 마음으로부터 용서할 때, 하나님께서는 우리를 자유롭게 하십니다.

♣ **증거하기**

이 과에서 배운 바를 활용하여 당신이 화가 나거나 염려나 스트레스를 받는 일이 생길 때 당신 주위에 안 믿는 사람들 앞에서 어떻게 대응하는 것이 덕이 될지 모색하고 정리하여 봅시다.

♣ **다음 주를 위한 준비**

마 18:21-35을 묵상하면서 마음으로부터 용서하는 삶에 대해 생각해 봅시다.

제9과

마음으로부터 용서하기

▷ **핵심 구절**
"주인이 노하여 그 빚을 다 갚도록 그를 옥졸들에게 넘기니라. 너희가 각각 마음으로부터 형제를 용서하지 아니하면 나의 하늘 아버지께서도 너희에게 이와 같이 하시리라."(마18:34-35)

▷ **목표**
용서가 무엇인지 그리고 어떤 것이 용서가 아닌지를 깨닫고 마음으로부터 어떻게 용서하는지를 배운다.

▷ **핵심 진리**
그리스도 안에 있는 자유를 경험하기 위해서는, 하나님께서 우리와 관계 맺으시는 것과 동일한 방식으로 우리도 다른 사람들과 관계를 맺을 필요가 있다(완전한 용서와 용납의 기초에서 타인과 관계 맺기).

◈ **들어가기**
마태복음 18:21-35을 읽고 각자의 느낀 점을 함께 나누어 봅시다.

• 용서의 필요성

용서하기 싫어하는 마음보다 우리를 더 과거에 묶어 두는 것은 없습니다.

개인의 용서하지 않는 마음은 교회 안에 쓴 뿌리가 자라나게 합니다. 이것보다 더 사탄에게 교회 성장을 가로막을 수 있는 큰 기회를 주는 것은 없습니다.

① 하나님께서 요구하십니다 (마6:9-15)
하나님이 우리를 대하시는 태도에 따라 우리도 다른 사람을 대하는 법을 배워야

합니다.

② 우리의 자유를 위해서 필수적입니다 (마18:21-35)
하나님은 당신의 자녀들이 쓴 마음으로 살아가며 과거에 얽매이는 것을 원치 않으십니다.

③ 우리는 우리 자신의 빚의 크기가 얼마나 되는지 이해해야 할 필요가 있습니다
우리의 죄를 속하고 생명을 속량하는 값은 너무나 엄청나서 어느 누구도 감히 갚을 수 없을 정도입니다(시49:8). 우리가 아무리 의를 행한다 해도 그것은 하나님 앞에서 더러운 옷과 같습니다(사64:6).

그리스도가 없다면, 우리는 모두 정죄를 받을 것입니다. 우리는 많은 용서를 받았습니다.

- 빚을 갚는 것은 불가능합니다
  일만 달란트는 어마어마한 금액입니다. 마치 우리가 하나님께 진 빚과 같아서, 도저히 갚을 수 없을 만큼 큽니다.
  용서의 문제는 당신과 당신에게 상처 준 사람의 문제라기보다는 당신과 하나님과의 관계의 문제입니다.

- 그러하기에 긍휼이 필요합니다
  - 정의 : 마땅히 받아야 할 대가를 치르게 하는 것
  - 긍휼 : 마땅히 받아야 할 대가를 치르지 않게 하는 것
  - 은혜 : 마땅히 받을 자격이 없는데 주는 것

하나님께서 우리를 대하시는 것처럼 우리도 다른 사람들을 대해야 합니다.

◎ **나눔을 위한 질문**
사람들은 자신들의 죄가 다른 사람들의 죄보다 그리 나쁘지 않다고 느끼곤 합니다.
당신은 어떻게 생각하십니까?
당신은 얼마나 용서를 받았습니까? 적게 혹은 많이? 왜 그렇게 생각하십니까? 함께 나누어 봅시다.

④ 당신이 어떤 유익도 박탈당하지 않기 위함입니다
"너희가 무슨 일에든지 누구를 용서하면 나도 그리하고 내가 만일 용서한 일이 있으면 용서한 그것은 너희를 위하여 그리스도 앞에서 한 것이니" (고후2:10-11)

예수님께서 마태복음18:34에 '고문(torture)' 이라고 말씀하신 단어는 일반적으로 영적인 고통을 말할 때 사용됩니다(막5:7).
[고문(torture) : NIV 성경에는 "옥졸들에게 넘겨서 고문당하도록 하라"고 번역되었지만, 개역개정 성경에서는 "옥졸들에게 넘기니라"라고 되어있습니다.]
만일 우리가 용서하지 않는다면, 우리는 원수의 영향력에 문을 열어두는 것입니다.

예수님은 만일 당신이 마음으로부터 용서하지 않는다면, 영적인 고통을 당할 것이라고 경고하십니다.

• 우리는 고통을 멈추기 위해 용서해야 합니다

우리가 용서하는 이유는 우리 자신을 위해서입니다. 우리는 누군가를 용서함으로 그 사람을 풀어준다고 생각합니다. 그렇지만, 용서하지 않음으로 우리는 여전히 그 고통과 과거에 머무르게 됩니다.

그리스도께서 우리를 용서하셨듯이 우리도 반드시 다른 사람을 용서해야 합니다(엡4:31-32). 그렇지 않으면 하나님과 우리 사이에 위기가 찾아옵니다.

> ◎ **나눔을 위한 질문**
> 우리 중 어느 누구도 과거의 상처들을 기억하고 싶어하지 않습니다. 그럼에도 불구하고 당신이 진정으로 용서하기 위해 그렇게 해야 하는 이유는 무엇이라고 생각합니까? 만일, 이것에 동의하지 않는다면 그 이유는 무엇입니까? 함께 나누어 봅시다.

- **용서란 무엇인가?**

① 잊는 것이 아닙니다
단순히 상처를 잊으려고 노력해서 상처를 없앨 수는 없습니다. 그렇지만, 우리는 다시 그 상처를 떠올려, 그 사람을 공격하는데 사용하지 않기를 선택하는 것입니다.

② 죄를 용인하는 것이 아닙니다
용서하지만 지속적인 학대를 멈추기 위해서 법적 절차를 통해 그 상황에서 나오거나, 경찰에 신고할 수 있습니다.

③ 복수하지 않는 것입니다
용서란 과거에 있었던 일을 장판 아래에 쓸어 넣어 마치 아무 일이 없었던 것처럼 보이게 하는 것이 아닙니다. 이것은 의로운 재판장이신 하나님께 그 일을 맡기고, 친히 갚아주시도록 의탁하는 믿음의 선택입니다(롬12:19).

④ 예수님과 함께 죄의 결과를 안고 살기로 작정하는 것입니다
모든 사람들은 다른 사람의 죄의 결과들을 안고 살아갑니다. 우리가 할 수 있는 유일한 선택은 쓴 마음에 묶여 살든지, 아니면 용서를 통해 자유 가운데 살아가는 것입니다.
용서는 포로를 자유케 하는 것입니다. 용서를 하면, 당신이 바로 그 포로였다는 것을 깨닫게 됩니다.

⑤ 용서와 화해는 다른 것입니다

화해는 쌍방의 노력과 시간이 필요합니다.

때로 용서는 했지만 화해는 이루어지지 않을 수도 있습니다(롬12:18).

⑥ 용서는 가해자를 축복하는 데에 이르러 마무리됩니다.

> ◎ **나눔을 위한 질문**
> 이번 과를 통해 용서에 대한 당신의 관점이 바뀐 부분이 있다면 나누어 봅시다.

> ♣ **증거하기**
> 다른 사람을 용서하는 삶의 유익과 영향력에 대해 안 믿는 사람들에게 어떻게 설명하는 것이 좋을지 생각해봅시다.
>
> ♣ **다음 주를 위한 준비**
> 성령님께서 당신을 모든 진리 가운데 인도하셔서, 당신의 마음을 준비시켜 달라고 구하십시오. 그리고 **그리스도 안에서 자유를 위한 7 steps** 과정을 밟아갈 때, 당신 안에 빛 가운데 드러나야 할 부분들을 깨닫게 해달라고 기도하십시오.

부 록

마태복음 18:21-25 시나리오

등장인물 : 베드로, 예수님, 주인, 종1, 종2

베드로	주님, 제 형제가 저에게 죄를 지으면 몇 번이나 용서해주어야 합니까? 일곱 번까지 해야 합니까?
예수님	내가 너희에게 말한다. 일곱 번이 아니라, 일흔 일곱 번까지라도 용서해야 한다. 그러므로 하늘나라는 자기 종들과 결산을 하려는 어떤 임금에게 비길 수 있다. 임금이 결산을 하기 시작하자, 만 달란트를 빚진 사람 하나가 끌려왔다. 그런데 그가 빚을 갚을 길이 없었다.
주인	너와 너의 아내와 자식과 그 밖에 가진 것을 다 팔아서 갚아라.
종1	제발 참아 주십시오. 제가 다 갚겠습니다.
예수님	그 종의 주인은 가엾은 마음이 들어, 그를 놓아주고 부채도 탕감해 주었다. 그런데 그 종이 나가서 자기에게 백 데나리온을 빚진 동료 하나를 만났다. 그러자 그를 붙들어 멱살을 잡고…
종1	빚진 것을 갚아라.
종2	제발 참아 주게. 내가 갚겠네.
예수님	그러나 그는 들어주려고 하지 않았다. 그리고 가서 그 동료가 빚진 것을 다 갚을 때까지 감옥에 가두었다. 동료들이 그렇게 벌어진 일을 보고 너무 안타까운 나머지, 주인에게 가서 그 일을 죄다 일렀다. 그러자 주인이 그 종

	을 불러들여 말하였다.
주인	이 악한 종아, 네가 청하기에 나는 너에게 빚을 다 탕감해 주었다. 내가 너에게 자비를 베푼 것처럼 너도 네 동료에게 자비를 베풀었어야 하지 않느냐?
예수님	그러고 나서 화가 난 주인은 그를 고문 형리에게 넘겨 빚진 것을 다 갚게 하였다. 너희가 저마다 자기 형제를 마음으로부터 용서하지 않으면, 하늘의 내 아버지께서도 너희에게 그와 같이 하실 것이다.

구체적으로 용서하기

당신이 **그리스도 안에서 자유를 위한 7 steps** 중 3번째 용서의 과정을 거칠 때, 용서해야 할 사람들에 대해서 다음과 같이 기도할 수 있습니다.

다음과 같이 기도하십시오.
"주님, _____(이름)가 저에게 _____(구체적인 행동)함으로 _____(주님께서 당신의 마음에 떠오르게 하시는 모든 상처와 아픔을 다 고하십시오)을 주었습니다.
그렇지만, _____을(를) 용서하기로 선택합니다."

주님께서 당신의 마음에 떠오르게 하는 모든 상처와 아픔을 여기에 기록하시기 바랍니다. 이것들 중에 어떤 것은 당신이 앞으로 다루어야 할 **견고한 요새**를 드러나게 할 것입니다. 10과를 통해 당신은 그것을 어떻게 다루어야 할지 알게 될 것입니다.

제4부

제자로 성장하기 :

그리스도 안에서 우리에게 주어진 자유를 붙들 때

우리 안에 성숙에 대한 갈망이 생겨납니다.

4부에서는 어떻게 우리가 견고하게 설 수 있는지, 어떻게 다른 사람들과

관계를 맺어야 하는지, 그리고 어떻게 더 예수님을

닮아가는 길에 머무를 수 있는지에 대해 배울 것입니다.

제10과

매일 자유 안에서 살아가기

▷ **핵심 구절**
"단단한 음식은 장성한 자의 것이니 그들은 지각을 사용함으로 연단을 받아 선악을 분별하는 자들이니라." (히5:14)

▷ **목표**
그리스도 안에서의 자유를 붙잡는 것은 한 번으로 끝내 버릴 경험이 아니라, 생활 방식이 될 필요가 있다는 것을 이해하고, 그것을 위한 전략을 습득한다.

▷ **핵심 진리**
우리가 자유 안에서 계속적으로 걷고 성숙으로 자라가는데 성공하기 위해서는, 계속적으로 우리의 마음을 새롭게 하고 악으로부터 선을 분별하도록 우리 자신을 훈련해야 한다.

◈ **들어가기**
그리스도 안에서 자유를 위한 *7 steps*에 대한 소감을 나누어 봅시다.

• 성숙을 향해 자라가기

영적 성숙을 향해 자라나는 것이 성도의 정상적인 모습 중 하나입니다. 그렇지만 신앙의 연수만 많고 성숙하지 않은 그리스도인이 되기가 훨씬 쉽습니다(고전3:1-3).

• 속박으로부터의 자유와 영적 성숙의 차이

"그의 신기한 능력으로 생명과 경건에 속한 모든 것을 우리에게 주셨으니 이는 자기의 영광과 덕으로써 우리를 부르신 이를 앎으로 말미암음이라" (벧후1:3; 참조. 엡1:3; 골2:9-10)

우리는 성숙한 그리스도인이 될 수 있는 모든 조건을 가지고 있지만, 그것은 저절로 이루어지지 않습니다.

비교적 짧은 시간에 얻을 수 있는 속박으로부터의 자유와 평생 노력해야 하는 영적 성숙에는 큰 차이가 있습니다. 성숙은 성장의 과정입니다. 반면에 자유는 죄와 사탄에 대한 그리스도의 승리로 인해 우리가 확보하게 된 상태입니다. 우리는 삶의 다양한 영역들 속에서 자유를 누리거나, 또는 묶임 가운데 있습니다. 우리가 속임을 당해 묶여 있는 영역들을 깨달을 때마다 우리는 그리스도 안에 있는 우리의 권세로 자유를 얻을 수 있습니다.

그러나 우리가 먼저 자유를 붙들지 못하면, 우리는 성숙으로 나아갈 수 없습니다.

• 성숙함으로 가는 3가지 비결

1. 스스로 책임지기

하나님께서는 우리 인생 가운데 자신이 책임을 지시는 부분과 우리가 스스로 책임질 부분을 정하셨습니다. 우리가 해야 할 몫을 그분이 우리를 위해 대신 하시지 않으십니다. 하나님이나 또는 그 누구든 우리를 위해 대신 회개해 줄 수 없고, 우리를 위해 대신 믿어 줄 수 없고, 또는 우리를 위해 대신 용서해 줄 수 없습니다. 왜냐하면, 그것들은 우리가 해야 할 몫이기 때문입니다.

만일, 당신이 그리스도인으로서 살아가길 원한다면, 이것은 당신의 책임입니다. 아무도 당신을 위해 그것을 대신해줄 수 없습니다.

당신은 그리스도인으로서 어떻게 변화될 수 있습니까? "너의 마음을 새롭게 함으로" 변화될 수 있습니다(롬12:2). 누구의 책임입니까? 당신의 몫입니다!

당신의 변화의 열쇠는 당신의 손에 있습니다. 그 어떤 것도, 그 누구도 당신이 하나님이 원하시는 사람이 되는 것을 막을 수 없습니다. 오직 당신만이 그렇게 할 수 있습니다! 이것은 우리에게 놀라운 소식입니다!

하지만 당신 혼자 할 수 없습니다. 우리는 우리를 격려하고, 사랑하고, 지지해주는 다른 사람들이 필요합니다. 그러나, 궁극적으로 우리 자신과 하나님과의 관계는 우리 각자의 책임입니다.

◎ **나눔을 위한 질문**
만일 그리스도인들이 마땅히 성장해야 할 속도로 자라나지 않는다면, 무엇이 이들의 성장을 방해한다고 생각합니까? 당신은 자신의 성장 속도가 어떻다고 느낍니까?

베드로후서 1:3 에서는 우리가 그리스도인으로서 삶을 살기 위해 필요한 모든 것을 이미 우리에게 주셨다고 말씀합니다(엡1:3; 골2:9-10). 그럼에도 불구하고 우리는 때때로 왜 이것이 사실이 아닌 것처럼 느껴질까요? 함께 나누어 봅시다.

2. 우리의 마음을 새롭게 하기

당신이 *그리스도 안에서 자유를 위한 7 steps* 과정을 통해 개인적인 영적 문제들을 해결한 적이 있다면, 이전과 달리 더 쉽게 진정한 진리와 당신의 문제들을 연결할 수 있다는 것을 알게 되었을 것입니다. 그렇지만, 우리는 여전히 거짓말을 기초로 한 무익한 사고방식들이 장착된 육신을 가지고 있습니다. 이것들이 바로 **견고한 요새**입니다. 우리는 이것들을 다룰 수 있는 무기들을 가지고 있습니다(고후10:4-5).

견고한 요새 부수기 – 거짓말들을 다루기

① 당신이 믿어 온 거짓말을 분별하십시오. 즉, 성경에서 당신에 대하여 말하는 바와 일치하지 않는 사고 방식을 점검해보시길 바랍니다. 이 과정을 통해서 당신에게 일어나는 감정적 반응을 뒤로 하고, 하나님께서 말씀하시는 진리를 온 마음으로 붙들기로 결단하십시오.

② 그 진리를 말하고 있는 성경 구절들을 당신이 할 수 있는 한 최대한 많이 찾아 적어보십시오.

③ 그 거짓말을 믿었던 것이 당신의 삶 속에 어떤 영향을 끼치고 있었는지를 적어보십시오.

④ 아래 문장과 같은 형식의 기도문이나 선포문을 적어보십시오.

- 나는 _____ 거짓말을 거부합니다.
- 나는 _____ 진리를 선포합니다.

⑤ 마지막으로, 그 성경 구절들을 읽고 기도문 혹은 선포문을 40~60일간 매일 선포하십시오.
  *이번 과 부록에 있는 예들을 참고하되, 자신만의 것을 만드는 것이 이미 만들어진 것을 사용하는 것보다 훨씬 낫습니다.

◎ **나눔을 위한 질문**
거짓말 다루기 훈련 : 사람들이 자신에 대해 믿는 전형적인 거짓말들이 사실이 아님을 보여주는 성경구절들을 찾아서 '진리' 칸에 적어 보십시오.

거짓	진리
사랑받지 못하는 (렘31:3; 요3:16; 요일4:10)	
버림받은 (수1:5; 마28:20)	
거절당한 (요1:12; 롬8:1; 고전9:19,20; 엡1:11; 살전1:4)	
부적당한 (렘1:6,7; 요15:15; 빌4:13)	
절망적인 (엡1:10-13; 살전5:18; 딤전4:10)	
어리석은 (롬12:2; 고전2:16)	
추한 (시139:14; 엡2:10)	

당신이 믿어왔던 거짓말은 무엇입니까? 어떤 것들은 **그리스도 안에서 자유를 위한 7 steps** 과정을 거치면서, 명확하게 거짓말임을 알 수 있었을 것입니다. 그렇지만 계속적으로 그것이 마치 사실인 것처럼 느껴질 수 있습니다. 예를 들어 '나는 실패자이다', '나는 무기력하다', '나는 무가치하다', '이것은 다른 사람들에게는 맞지만, 나에게는 아니다' 등과 같은 것들이 있습니다.

그 거짓말과 그것을 믿음으로 인해 당신의 삶에 나타난 구체적인 결과를 적어보시기 바랍니다.

그리고, 거짓말에 반대되는 두세 개의 성경구절을 생각해보십시오.

또한, '나는 _____ 라는 거짓말을 거부합니다' 와 '나는 _____ 라는 진리를 선포합니다' 를 작성하십시오. 앞으로 이것을 40~60일 매일 필요에 따라 한두 번씩 선포하도록 하십시오.

견고한 요새 부수기 예1

하나님보다는 먹는 것에서 위안을 찾기

거짓말 : 맛있는 음식을 지속적으로 즐기는 일은 나에게 큰 위안을 준다.

내 삶에 미친 영향들 : 건강에 해롭다. 몸무게가 늘어난다. 원수에게 발판을 내어준다.
성숙으로 나아가는 성장을 멈추게 한다.

잠25:28	자기의 마음을 제어하지 아니하는 자는 성읍이 무너지고 성벽이 없는 것과 같으니라
갈5:16	너희는 성령을 따라 행하라 그리하면 육체의 욕심을 이루지 아니하리라
갈5:22-24	오직 성령의 열매는 사랑과 희락과 화평과 오래 참음과 자비와 양선과 충성과 온유와 절제니 이 같은 것을 금지할 법이 없느니라 그리스도 예수의 사람들은 육체와 함께 그 정욕과 탐심을 십자가에 못 박았느니라
고후1:3-4	찬송하리로다 그는 우리 주 예수 그리스도의 하나님이시요 자비의 아버지시요 모든 위로의 하나님이시며 우리의 모든 환난 중에서 우리를 위로하사 우리로 하여금 하나님께 받는 위로로써 모든 환난 중에 있는 자들을 능히 위로하게 하시는 이시로다
시63:5	골수와 기름진 것을 먹음과 같이 나의 영혼이 만족할 것이라 나의 입이 기쁜 입술로 주를 찬송하되
시119:76	구하오니 주의 종에게 하신 말씀대로 주의 인자하심이 나의 위안이 되게 하시며

주님, 저는 맛있는 음식이 저에게 지속적인 위안을 가져온다는 거짓말을 거부합니다. 저는 하나님께서 모든 위로의 하나님이시며, 당신의 변함없는 사랑만이 나에게 합법적이고 진정한 위로라는 진리를 선포합니다. 저는 이제 성령을 따라 살며, 육체의 소욕들을 채우지 않기로 결단합니다. 저에게 위로가 필요하다고 느낄 때마다, 먹을 것을 찾기보다는 당신을 찬양하고 가장 풍성한 음식으로 만족하듯이 당신으로 인해 만족하기로 선택합니다. 저를 당신의 성령으로 새롭게 하시고, 제가 자기 절제 가운데 성장해 갈 때, 저와 함께 하여 주시옵소서. 예수님 이름으로 기도합니다. 아멘.

견고한 요새 부수기를 실행한 횟수를 체크하시길 바랍니다.

1	2	3	4	5	6	7	8	9	10
11	12	13	14	15	16	17	18	19	20
21	22	23	24	25	26	27	28	29	30
31	32	33	34	35	36	37	38	39	40
41	42	43	44	45	46	47	48	49	50
51	52	53	54	55	56	57	58	59	60

견고한 요새 부수기 예2

항상 외롭다고 느낌

거짓말 : 나를 진정으로 이해해 주고 사랑해 주는 존재는 없다.
내 삶에 미친 영향들 : 사람들과 관계에서 뒤로 물러남. 사람들이 나를 좋아하지 않는다고
생각함. 냉담해짐. 위축됨

신31:6	너희는 강하고 담대하라 두려워하지 말라 그들 앞에서 떨지 말라 이는 네 하나님 여호와 그가 너와 함께 가시며 결코 너를 떠나지 아니하시며 버리지 아니하실 것임이라 하고
사46:4	너희가 노년에 이르기까지 내가 그리하겠고 백발이 되기까지 내가 너희를 품을 것이라 내가 지었은즉 내가 업을 것이요 내가 품고 구하여 내리라
렘29:11	여호와의 말씀이니라 너희를 향한 나의 생각을 내가 아나니 평안이요 재앙이 아니니라 너희에게 미래와 희망을 주는 것이니라
롬8:38-39	내가 확신하노니 사망이나 생명이나 천사들이나 권세자들이나 현재 일이나 장래 일이나 능력이나 높음이나 깊음이나 다른 어떤 피조물이라도 우리를 우리 주 그리스도 예수 안에 있는 하나님의 사랑에서 끊을 수 없으리라

하나님 아버지, 저는 진정한 사랑의 관계를 누리지도 못할 것이고 저 혼자 남겨질 것이라는 거짓말을 거부합니다. 당신께서 저를 사랑하시고, 저에게 소망과 미래를 주기 위한 계획들을 가지고 계시며, 그 어떤 것도 당신의 사랑에서 저를 끊을 수 없다는 진리를 선포합니다. 예수님 이름으로 기도합니다. 아멘.

견고한 요새 부수기를 실행한 횟수를 체크하시길 바랍니다.

1	2	3	4	5	6	7	8	9	10
11	12	13	14	15	16	17	18	19	20
21	22	23	24	25	26	27	28	29	30
31	32	33	34	35	36	37	38	39	40
41	42	43	44	45	46	47	48	49	50
51	52	53	54	55	56	57	58	59	60

견고한 요새 부수기 예3

인터넷 포르노에 거부할 수 없을 정도로 끌림

거짓말 : 나는 인터넷 포르노를 보려는 유혹이 올 때마다 저항할 힘이 없다.
내 삶에 미친 영향들 : 깊은 수치심, 왜곡된 성적 감정들, 하나님께서 의도하신 대로 사람들과
                    관계를 맺을 수 없음, 결혼생활에 해를 끼침

롬6:11-14	이와 같이 너희도 너희 자신을 죄에 대하여는 죽은 자요 그리스도 예수 안에서 하나님께 대하여는 살아 있는 자로 여길지어다 그러므로 너희는 죄가 너희 죽을 몸을 지배하지 못하게 하여 몸의 사욕에 순종하지 말고 또한 너희 지체를 불의의 무기로 죄에게 내주지 말고 오직 너희 자신을 죽은 자 가운데서 다시 살아난 자 같이 하나님께 드리며 너희 지체를 의의 무기로 하나님께 드리라 죄가 너희를 주장하지 못하리니 이는 너희가 법 아래에 있지 아니하고 은혜 아래에 있음이라
고전6:19	너희 몸은 너희가 하나님으로부터 받은 바 너희 가운데 계신 성령의 전인 줄을 알지 못하느냐
고전10:13	사람이 감당할 시험 밖에는 너희가 당한 것이 없나니 오직 하나님은 미쁘사 너희가 감당하지 못할 시험 당함을 허락하지 아니하시고 시험 당할 즈음에 또한 피할 길을 내사 너희로 능히 감당하게 하시느니라
갈5:16	너희는 성령을 따라 행하라 그리하면 육체의 욕심을 이루지 아니하리라
갈5:22-23	오직 성령의 열매는 사랑과 희락과 화평과 오래 참음과 자비와 양선과 충성과 온유와 절제니 이 같은 것을 금지할 법이 없느니라

나에게는 인터넷 포르노를 보려는 유혹을 저항할 힘이 없다는 거짓말을 거부합니다. 유혹을 받을 때 하나님께서 언제나 나에게 피할 길을 주신다는 진리를 선포하며, 이 진리를 믿기로 선택합니다. 내가 성령을 따라 살기로 선택하면, 육체의 욕심을 이루지 않고, 절제를 포함한 성령의 열매가 맺힐 것이라는 진리를 선포합니다. 나는 내 자신을 죄에 대하여 죽은 자로 여기며, 죄가 나의 몸을 주장하거나 내 주인이 되는 것을 거부합니다. 나는 오늘만이 아니라 매일 내 몸을 하나님께서 거하시는 성령의 전으로 드려서 의로운 도구가 되도록 합니다. 나는 내 안에 거하는 죄의 권세가 깨뜨려졌음을 선포합니다. 나는 하나님께 완전히 복종하며, 마귀를 대적하기로 선택합니다. 지금 마귀는 반드시 나를 피할 것입니다.

견고한 요새 부수기를 실행한 횟수를 체크하시길 바랍니다.

1	2	3	4	5	6	7	8	9	10
11	12	13	14	15	16	17	18	19	20
21	22	23	24	25	26	27	28	29	30
31	32	33	34	35	36	37	38	39	40
41	42	43	44	45	46	47	48	49	50
51	52	53	54	55	56	57	58	59	60

나의 견고한 요새 부수기

나의 견고한 요새 :

거짓말 :

내 삶에 미친 영향들 :

말씀(진리) :

선포문 :

3. 장기적인 관점에서 보기

우리의 마음을 새롭게 하는 것은 시간과 노력이 듭니다. '속전속결'은 없습니다. 그렇지만, 당신이 매일 하나님의 말씀 안에 있는 진리에 자신을 드릴 때, 견고한 요새를 무너뜨릴 수 있다는 모든 기대를 걸 수 있습니다.

선악을 분별하도록 자신을 훈련하라

"단단한 음식은 장성한 자의 것이니 그들은 지각을 사용함으로 연단을 받아 선악을 분별하는 자들이니라" (히5:14)

우리가 진품에 익숙해질 때, 우리는 즉각적으로 위조품을 알아 볼 수 있습니다.

경주를 하라

"오직 한 일 즉 뒤에 있는 것은 잊어버리고 앞에 있는 것을 잡으려고 푯대를 향하여 그리스도 예수 안에서 하나님이 위에서 부르신 부름의 상을 위하여 달려가노라 그러므로 누구든지 우리 온전히 이룬 자들은 이렇게 생각할지니" (빌3:13b-15a)

우리는 장기적인 경주에 자신을 드릴 필요가 있습니다. 당신이 어디(영적성숙)를 향해 가는지를 알고, 또한 그곳을 향해 계속해서 달려가야 합니다.

기타 실제적인 지침들
- 닐 앤더슨의 「이제 자유입니다」(죠이선교회), 「자유함」(NCD) 읽기
- 상호 책임지는 관계 세우기
- 과거의 트라우마들을 다루고자 한다면, 도움을 요청하기
- 본 과정을 다시 반복하기

♣ **증거하기**

당신이 이제까지 이 과정에서 배우게 된 가장 중요한 것 2개를 적어보십시오. 당신이 배운 바를 가지고 어떻게 불신자 친구에게 도움을 줄 수 있겠습니까?

♣ **다음 주를 위한 준비**

당신이 발견한 가장 큰 거짓의 **견고한 요새**를 부수는 선포기도를 시작하고 매일 실천하십시오.

제11과

타인들과 관계 맺기

▷ **핵심 구절**

"예수께서 이르시되 '네 마음을 다하고 목숨을 다하고 뜻을 다하여 주 너의 하나님을 사랑하라' 하셨으니 이것이 크고 첫째 되는 계명이요, 둘째도 그와 같으니 '네 이웃을 네 자신 같이 사랑하라' 하셨으니 이 두 계명이 온 율법과 선지자의 강령이니라." (마22:37-40)

▷ **목표**

관계들에 있어서 우리의 역할과 책임을 이해하여 그리스도 안에서 함께 자라가도록 한다.

▷ **핵심 진리**

그리스도의 제자들로서 우리는 자신의 성품을 위한 책임을 담당해야 하고 다른 사람들의 필요들을 채우도록 노력해야 한다.

◈ **들어가기**

1과부터 10과까지를 돌아볼 때 당신에게 가장 큰 깨달음을 주었던 과는 무엇입니까? 함께 나누어 봅시다.

• 우리에게 베풀어진 은혜

그가 먼저 우리를 사랑하셨기에 우리도 사랑합니다(요일4:19).
그가 우리에게 값없이 주셨기에 우리도 값없이 줍니다(마10:8).
그가 우리에게 자비를 베풀어 주시기에 우리도 자비를 베풉니다(눅6:36).
그가 우리를 용서하셨기에 우리도 용서합니다(엡4:32).

• 타인에 대한 우리의 책임

"남의 하인을 비판하는 너는 누구냐 그가 서 있는 것이나 넘어지는 것이 자기 주인에게 있으매 그가 세움을 받으리니 이는 그를 세우시는 권능이 주께 있음이라" (롬14:4)

"아무 일에든지 다툼이나 허영으로 하지 말고 오직 겸손한 마음으로 각각 자기보다 남을 낫게 여기고 각각 자기 일을 돌볼 뿐더러 또한 각각 다른 사람들의 일을 돌보아 나의 기쁨을 충만하게 하라 너희 안에 이 마음을 품으라 곧 그리스도 예수의 마음이니" (빌2:3-5)

우리는 우리 자신의 인격에 책임을 져야 할 뿐만 아니라, 타인의 필요를 채워야 할 책임도 있습니다.

• 우리 자신의 죄에 대해서 자각하기

우리가 하나님께서 어떤 분이신지를 알게 될 때, 우리는 타인들의 죄보다 우리 자신의 죄에 대해 깨닫게 됩니다. 그러나 우리가 하나님과의 관계에서 미지근해지면, 우리는 자신의 죄는 간과하고 다른 사람들의 죄를 더 보게 되는 경향이 있습니다.

• 우리의 권리보다 책임에 주목하기

모든 관계에서 우리는 권리와 책임 둘 다 가지고 있습니다. 그렇다면 우리는 어디에 강조를 두어야 할까요?

남편은 그의 아내가 그에게 복종하기를 기대할 권리가 있는 걸까요? 아니면 그리스도가 교회를 사랑하신 것처럼 자신의 아내를 사랑할 책임이 있을까요?

아내는 자신의 남편이 자신을 사랑하기를 기대할 권리가 있는 걸까요? 아니면 가정의 머리로서 책임을 맡은 남편을 사랑하고 존경할 책임이 있을까요?

부모는 그들의 자녀들이 순종하기를 기대할 권리가 있을까요? 아니면 주님의 가르침과 훈련으로 자녀들을 양육하고 이들이 불순종할 때 징계할 책임이 있는 걸까요?

한 교회의 교인인 것이 다른 교인들을 비판할 수 있는 권리를 줄까요? 혹은 당신 위에 있는 권위에 순종해야 할 책임과 당신이 그리스도로부터 받은 동일한 사랑과 용납으로 서로 관계를 맺어야 하는 책임이 있을까요?

우리가 어떤 관계에서든지 우리의 책임보다 권리에 우선순위를 둔다면 우리는 파괴의 씨앗을 뿌리고 있는 것입니다.
우리가 다른 사람들의 결점을 계속해서 집중하기보다 그들을 좋게 생각하기로 선택하는 것이 결국에는 항상 실망하고 푸대접 받는 것보다 낫습니다.

> ◎ **나눔을 위한 질문**
> 왜 우리는 다른 사람들을 판단하며 우리 자신의 필요들을 채우려는 경향이 있다고 생각합니까? 만약 당신이 다른 사람들에게는 비판적이면서 당신 자신의 결점들은 인식하지 못한다면, 무엇이 문제이며 어떻게 이를 바로잡을 수 있겠습니까? 함께 나누어 봅시다.

• 다른 사람들이 잘못을 범할 때

누구나 죄를 인정하는 것은 어렵습니다.
다른 사람의 삶에 성령의 역할을 대신 하는 것은 좋은 방법이 아닙니다.

'그(성령)가 와서 죄에 대하여, 의에 대하여, 심판에 대하여 세상을 책망하시리라' (요16:8)

• 훈계(discipline) Yes, 정죄(judgment) No

"너희가 심판을 받지 않으려거든, 남을 심판하지 말아라(do not judge). 너희가 남을 심판하는 그 심판으로 하나님께서 너희를 심판하실 것이요, 너희가 되질하여 주는 그 되로 너희에게 되어서 주실 것이다." (마7:1-2, 새번역)
"내 아들아 주의 징계(discipline)하심을 경히 여기지 말며 그에게 꾸지람을 받을 때에 낙심하지 말라" (히12:5b)
"형제들아 사람이 만일 무슨 범죄한 일이 드러나거든 신령한 너희는 온유한 심령으로 그러한 자를 바로잡고" (갈6:1)

우리는 다른 인격을 판단하거나 정죄(judgment)하지 말아야 합니다. 그렇지만, 훈계(discipline)는 해야 합니다. 판단 혹은 정죄는 언제나 인격과 관련되어 있지만, 훈계는 언제나 행동과 관련되어 있습니다.

누군가를 '어리석다', '덤벙거린다', '교만하다', '악하다'고 말하는 것은 그들의 인격을 공격하는 것이며, 그들이 앞으로 나아가야 할 길이 없게 만듭니다.

그러나 당신이 누군가의 죄된 '행동'에 대해 말해주는 것은, 당신은 그들이 무엇을 개선해야 하는지를 알려주는 것입니다.

• 훈계와 처벌(punishment)은 같지 않습니다

처벌은 과거지향적이지만, 훈계는 미래지향적입니다.

하나님의 훈계는 그의 사랑의 증거이며 '의와 평강의 열매'를 맺도록 이끕니다(히12:5-11).
훈계의 목적은 누군가를 처벌하는데 있지 않고 그들이 더욱 예수님을 닮아가도록 돕는데 있습니다.

• 우리가 공격 받을 때

"욕을 당하시되 맞대어 욕하지 아니하시고 고난을 당하시되 위협하지 아니하시고 오직 공의로 심판하시는 이에게 부탁하시며" (벧전2:23)

만일, 당신이 잘못했다면 당신은 항변할 수 없습니다. 만일 당신이 옳다면, 당신은 항변할 필요가 없습니다. 그리스도께서 당신을 변호할 것입니다.

• 권위와 책임의 관계에서

하나님께서는 당신에게 어느 단계부터 (위에서부터 아래로 또는 아래에서부터 위로) 다가오셨습니까?

- 권위(Authority)

- 책임(Accountability)
- 확증(Affirmation)
- 용납(Acceptance)

"우리가 아직 죄인 되었을 때에 그리스도께서 우리를 위하여 죽으심으로 하나님께서 우리에 대한 자기의 사랑을 확증하셨느니라" (롬5:8)
하나님은 우리를 먼저 용납하시고 나서 우리와의 관계를 확증하셨습니다.

만일 권위자들이 용납과 확증을 하지 않고 책임만을 요구한다면, 그들은 결코 그들이 원하는 것을 얻지 못할 것입니다.

> ◎ **나눔을 위한 질문**
> 다른 사람의 삶에 성령의 역할을 대신 하는 것이 왜 지혜롭지 못한 것일까요?
> 우리가 그렇게 시도할 때 어떤 일이 벌어질까요?
> 다음 번에 누군가가 당신을 공격하거나 비난할 때 어떻게 대응하는 것이 바람직한 반응일까요?
> 함께 나누어 봅시다.

· **우리의 필요들을 표현해야 하는가?**

우리가 맺는 관계 속에서 채워지지 않는 필요가 있다면, 사람들에게 그 필요가 무엇인지 알려주는 것은 중요합니다. 그렇지만, 이 때 필요는 반드시 필요로 말해야 하며 비판하면 안됩니다.

· **심은 대로 거둔다**

하나님께서 우리를 공동체에 두신 이유는 우리가 공동체 안에서 성장하기 때문입니다. 우리 모두는 사랑, 용납, 인정 받기를 원합니다. 이것은 정당한 필요들입니다.

"또 주 예수께서 친히 말씀하신 바 주는 것이 받는 것보다 더 복이 있다" (행20:35) 그러나 우리는 보상 없이 다른 사람을 지속적으로 도울 수는 없을 것입니다. 그 보상은 하나님께로부터 옵니다.

"남에게 주어라. 그리하면 하나님께서도 너희에게 주실 것이니, 되를 누르고 흔들어서, 넘치도록 후하게 되어서, 너희 품에 안겨 주실 것이다. 너희가 되질하여 주는 그 되로 너희에게 도로 되어서 주실 것이다." (눅6:38, 표준새번역)

만약 당신이 누군가로부터 사랑을 받고 싶다면, 그를 사랑하십시오. 당신이 친구를 원하면 친구가 되어주십시오.

~~~~~~~~~~~~~~~~~~~~~

사람들은 비합리적이고, 비논리적이며, 자기중심적입니다.
그래도 그들을 사랑하십시오.

만일 당신이 선을 행하면, 사람들은 당신을 이기적이며 불순한 동기로 한다고 비난할 것입니다.
그래도 선을 행하십시오.

만일 당신이 성공하면, 당신은 거짓 친구들과 진정한 원수들을 얻을 것입니다.
그래도 성공하십시오.

오늘 당신이 행한 선행은 내일이면 잊혀질 것입니다.
그래도 선을 행하십시오.

정직과 솔직함은 당신을 연약하게 만듭니다.
그래도 정직하고 솔직하십시오.

큰 생각들을 가진 위대한 사람들은 작은 생각들을 가진 작은 사람들에게 공격받을 수 있습니다.
그래도 크게 생각하십시오.

사람들은 약자들에게 호의를 가지지만, 오직 강자들만을 따릅니다.
그래도 약자들을 위해 싸우십시오.

당신이 수년간 쌓은 일이 하루아침에 무너질 수 있습니다.
그래도 쌓으십시오.

사람들은 도움이 필요하지만, 만일 당신이 그들을 돕는다면 당신을 공격할 수도 있습니다.
그래도 도우십시오.

당신이 가진 최선의 것을 세상에 주면, 당신은 심한 대접을 받을 겁니다.
그래도 당신이 가진 최선의 것을 세상에 주십시오.

◎ **나눔을 위한 질문**
우리 모두는 어떤 정당한 필요들을 가지고 있으며, 이것들을 어떻게 하면 역효과를 내지 않도록 표현할 수 있을까요?

아래 문장들이 어떻게 잘못되었다고 생각합니까? 어떻게 하면 더 낫게 말할 수 있을까요?
"당신은 항상 저녁 식사 후 내가 정리하게 하고, TV를 보러 가지. 당신은 정말 이기적이고 게을러."

♣ **증거하기**

당신이 살고 있는 주변 사람에게 좋은 이웃으로 관계를 맺고 살아가고 싶은 사람이 있는지 떠올려 보기 바랍니다. 이 과에서 배운 책임과 의무의 역동을 사용하여 그들과 인격적으로 좋은 관계로 자라갈 수 있는 방법을 적어보고, 그들과의 관계를 위해 기도하는 시간을 갖도록 합시다.

♣ **다음 주를 위한 준비**

누가복음 6:27-41을 읽으십시오. 이번 과에서는 당신이 당신의 가족, 친구들, 이웃들과 다르게 관계를 맺어야 할 필요를 깨닫게 했을 것입니다. 당신은 다른 사람들에게 용서를 구하고 싶을 수도 있습니다. 만일, 주님께서 당신의 잘못을 깨닫게 하셨다면, 그 사람이나 사람들에게 가서 당신이 무엇을 잘못했는지 명확하게 말하며 용서를 구하십시오. (가능한 편지 또는 이메일로는 하지 마십시오 - 오해가 생기거나, 법적으로 당신에게 불리하게 사용될 수도 있습니다.)

제12과

당신은 어디로 가고 있는가?

▷ **핵심 구절**
"이 교훈의 목적은 청결한 마음과 선한 양심과 거짓이 없는 믿음에서 나오는 사랑이거늘"(딤전1:5)

▷ **목표**
믿음이 우리 삶의 목적이나 욕구들과 어떻게 연결되는지를 이해한다. 이것은 그리스도 안에서의 진정한 자유를 누리며 하나님이 창조하신 원래의 사람이 되게 한다.

▷ **핵심 진리**
무엇도 그리고 누구도, 우리가 하나님께서 창조하신 원래의 모습이 되는 것을 막을 수 없다.

◈ **들어가기**
당신이 생을 마치기 전에 이루고 싶은 것이 있다면 함께 나누어 봅시다.

• **당신이 무엇을 믿는지는 삶으로 나타난다**

우리는 어떤 것들이 우리에게 만족과 의미, 그리고 즐거움 등을 가져줄 것이라고 믿습니다. 그런데, 그것들이 정말 우리가 원하는 것을 가져다 줍니까? 아니면 우리가 설정한 목표들에 어떤 문제가 있는 것은 아닙니까?

한 사람의 목표는 그 사람이 무엇을 믿고 살아가는지를 드러냅니다.

• **감정은 하나님의 경고이다**

감정은 우리가 가고 있는 방향이 맞는지를 점검할 수 있도록 하나님께서 주신 유용한 도구입니다.

어떤 관계나 경험이 우리에게 분노와 염려 또는 우울함을 준다면, 이런 감정의 신호들은 우리가 잘못된 믿음을 기초로 하는 잘못된 목표를 향해 가고 있다는 경고일 수 있습니다.

① 분노는 목표의 성취가 좌절되고 있다는 신호입니다
만일 당신이 분노하고 싶지 않다면, 당신의 권한(또는 능력)으로 통제할 수 없는 사람들(또는 상황들)에 의해 좌절될 수 있는 목표를 제거하면 됩니다.

② 염려는 목표의 성취가 불확실하다는 신호입니다
일이나 활동을 할 때 당신이 염려를 한다면, 그것은 아마도 당신의 목표를 성취하는 것이 불확실하게 느껴진다는 것을 나타냅니다.

③ 우울은 목표의 성취가 불가능해 보인다는 신호입니다
물론, 우리는 생리적 원인들 때문에 우울할 수 있습니다. 그런데 만일 육체적인 뚜렷한 원인이 없다면 우울은 일반적으로 목표를 이루지 못할 것이라는 절망이나 무력감으로부터 시작됩니다.

◎ **나눔을 위한 질문**
당신은 관계나 경험에서 앞에서 언급한 부정적인 감정을 느껴본 적이 있습니까?
당신이 경험한 감정은 어떤 것이었고, 그때 당신은 어떻게 반응했습니까?
앞으로 당신의 관계와 경험에서 이런 부정적인 감정을 만나게 될 때, 어떻게 반응해야 할지 함께 나누어 봅시다.

- **우리의 목표가 가로막혔거나 불확실할 때의 우리의 반응**

만일, 우리 자신의 가치가 사람들과 상황들에 따라 달라진다고 믿는다면, 우리는 사람들과 상황들을 조작하려고 애쓸 것입니다.

- **나쁜 목표를 하나님이 주신 목표로 전환하기**

만일 하나님께서 당신의 삶을 위한 목표를 가지고 계신다면, 이 목표가 좌절되거나 또는 실현

되는 것이 불확실하거나 불가능할 수 있습니까? 아닙니다!

그러므로 하나님께서 주신 어떤 목표라도 우리의 권한(또는 능력)으로 통제할 수 없는 사람들(또는 상황들)에 따라 좌우되지 않습니다.

• 목표와 소원의 차이

거룩한 목표(goal)는 당신의 삶을 위한 하나님의 목적을 반영하는 어떤 구체적인 방향입니다. 이것은 당신의 권한(또는 능력)으로는 통제할 수 없는 사람들(또는 상황들)에 따라 좌우되지 않습니다.

거룩한 소원(desire)은 당신의 권한(또는 능력)으로 좌지우지할 수 없는 사람들의 협력이나, 일의 성공 또는 유리한 상황 등에 따라 이루어지는 어떤 구체적인 결과입니다.

가장 중요한 차이는 당신의 소원들이 아무리 거룩하더라도 당신의 성공이나 가치의 근간으로 삼을 수 없다는 것입니다. 왜냐하면, 그것이 이루어지는 것은 당신의 통제를 벗어난 일이기 때문입니다.

그렇지만, 거룩한 목표가 이루어지는 것을 가로막거나, 불확실하게 하고, 또는 불가능하게 할 수 있는 유일한 존재는 바로 당신입니다.

누군가의 목표가 성취되는 것은 그 자체가 좋은 일이지만, 만일 우리가 통제할 수 없는 사건들이나 상황에 따라 목표 성취 여부가 결정된다면 어떻게 해야 합니까? 우리는 우리의 정체성을 좌우하는 목표를 '거룩한 소원' 수준으로 조정해야 합니다.

• 우리의 삶을 위한 하나님의 목표

베드로후서 1:3-10은 하나님께서 우리에게 갖고 계신 목표가 무엇인지, 그리고 우리를 위해 이미 이루신 것들이 무엇인지 말해줍니다.

"그의 신기한 능력으로 생명과 경건에 속한 모든 것을 우리에게 주셨으니 이는 자기의 영광과 덕으로써 우리를 부르신 이를 앎으로 말미암음이라 이로써 그 보배롭고 지극히 큰 약속을 우리에게 주사 이 약속으로 말미암아 너희가 정욕 때문에 세상에서 썩어질 것을 피하여 신성한 성품에 참여하는 자가 되게 하려 하셨느니라

그러므로 너희가 더욱 힘써 너희 믿음에 덕을, 덕에 지식을, 지식에 절제를, 절제에 인내를, 인내에 경건을, 경건에 형제 우애를, 형제 우애에 사랑을 더하라

이런 것이 너희에게 있어 흡족한즉 너희로 우리 주 예수 그리스도를 알기에 게으르지 않고 열매 없는 자가 되지 않게 하려니와 이런 것이 없는 자는 맹인이라 멀리 보지 못하고 그의 옛 죄가 깨끗하게 된 것을 잊었느니라 그러므로 형제들아 더욱 힘써 너희 부르심과 택하심을 굳게 하라 너희가 이것을 행한즉 언제든지 실족하지 아니하리라" (벧후 1:3-10)

- 우리는 생명과 경건에 이르기 위해 필요한 모든 것을 가졌다.
- 우리는 하나님의 성품에 참여한다.
- 우리는 세상의 썩어질 것에서 벗어났다.

만약 하나님께서 당신을 위해서 이미 이루신 것을 알지 못한 채 그리스도인으로서 살려고 노력한다면, 당신은 단지 더 열심히 노력을 할 것입니다. 우리의 삶을 위한 하나님의 목표는 그리스도께서 이미 하신 일들에 근거해 있습니다.

위에 제시된 벧후1:5-7은 성품의 특징이 담긴 목록입니다. 하나님의 가장 우선적인 관심은 우리가 하는 일이 아니라 우리가 어떤 사람인지에 있습니다. 우리를 위한 하나님의 목표는 우리의 성품과 관련이 있습니다.

하나님의 목표는 어떤 그리스도인이든지 '그의 성품이 점점 더 그리스도를 닮아가는 것'입니다.

• 고난들은 우리가 목표를 향하도록 돕는다

"다만 이뿐 아니라 우리가 환난 중에도 즐거워하나니 이는 환난은 인내를, 인내는 연단을, 연

단은 소망을 이루는 줄 앎이로다." (롬5:3-4)

"내 형제들아 너희가 여러 가지 시험을 당하거든 온전히 기쁘게 여기라. 이는 너희 믿음의 시련이 인내를 만들어 내는 줄 너희가 앎이라. 인내를 온전히 이루라 이는 너희로 온전하고 구비하여 조금도 부족함이 없게 하려 함이라." (약1:2-4)

우리가 직면하는 고난들은 우리 최고의 목표인 예수님을 더 닮아가도록 우리의 인격을 다듬는 도구입니다. 고난 가운데 인내하는 것은 연단된 성품을 만들어냅니다.
우리에게는 가끔 산 정상에 있는 것 같은 경험이 필요하기도 하지만, 성장을 위한 비옥한 토양은 항상 산 정상이 아닌 계곡 아래에 있습니다.

> ◎ **나눔을 위한 질문**
> 당신의 인생에 대한 하나님의 주된 목표는 무엇이라고 생각합니까? 이 목표가 이루어지는 것을 누구도, 어떤 것도 막을 수 없다는 진리를 당신은 어떻게 받아들입니까? 함께 나누어 봅시다.

• 우리의 궁극적인 목표는 사랑이어야 한다

바울은 "교훈의 목표는 사랑이다" (딤전1:5)라고 말합니다. 사랑은 하나님의 성품입니다. 왜냐하면 하나님은 사랑이시기 때문입니다(요일 4:7,8).

만일, 거룩한 성품이 당신의 주요 목표가 된다면, 당신의 삶 속에서 맺히는 성령의 열매는 사랑일 것입니다. 그리고 분노는 인내로, 염려는 평안으로, 우울은 기쁨으로 바뀔 것입니다.

> ♣ **증거하기**
> 이웃사랑과 복음전파를 위한 자신의 목표와 소원을 구별함으로서 효과적인 영향력을 키워갈 수 있을 것입니다. 신앙인으로서 세상을 향한 목표를 소원과 구별하여 설정해 보고 그 목표를 이루기 위해 당신이 힘써야 할 바를 기도하는 시간을 갖도록 합시다.
>
> ♣ **다음 주를 위한 준비**
> 다음 페이지에 있는 "나는 무엇을 믿는가?" 질문지에 답하면서 자신의 믿음을 진단해 보십시오.

나는 무엇을 믿는가?

| | 낮음 | | | | 높음 |

1. 나는 얼마나 성공했는가?　　　　1　　2　　3　　4　　5

만약 _____ 한다면, 나는 더 성공할 것이다.

2. 나는 얼마나 중요한 존재인가?　　1　　2　　3　　4　　5

만약 _____ 한다면, 나는 더 중요한 존재가 될 것이다.

3. 나는 얼마나 성취감을 느끼는가?　1　　2　　3　　4　　5

만약 _____ 한다면, 나는 더 성취감을 느낄 것이다.

4. 나는 얼마나 만족하는가?　　　　1　　2　　3　　4　　5

만약 _____ 한다면, 나는 더 만족할 것이다.

5. 나는 얼마나 행복한가?　　　　　1　　2　　3　　4　　5

만약 _____ 한다면, 나는 더 행복할 것이다.

6. 나는 얼마나 즐거운 삶을 사는가?　1　　2　　3　　4　　5

만약 _____ 한다면, 나는 더 즐거운 삶을 살 것이다.

7. 나의 삶은 얼마나 보장되어 있는가?　1　　2　　3　　4　　5

만약 _____ 한다면, 나는 더 보장된 삶을 살 수 있을 것이다.

8. 나는 얼마나 평안한가?　　　　　1　　2　　3　　4　　5

만약 _____ 한다면, 나는 더 평안할 것이다.

제13과

옳은 길에 머물기

> ▷ **핵심 구절**
>
> "내가 궁핍하므로 말하는 것이 아니니라. 어떠한 형편에든지 나는 자족하기를 배웠노니, 나는 비천에 처할 줄도 알고 풍부에 처할 줄도 알아 모든 일 곧 배부름과 배고픔과 풍부와 궁핍에도 처할 줄 아는 일체의 비결을 배웠노라. 내게 능력 주시는 자 안에서 내가 모든 것을 할 수 있느니라."(빌4:11-13)
>
> ▷ **목표**
>
> 우리가 믿고 있는 바를 하나님의 말씀의 빛 가운데 평가하고, 필요한 부분을 조정한다. 그럼으로써 좀 더 예수를 닮아가는 길로 나아간다.
>
> ▷ **핵심 진리**
>
> 우리가 참으로 성공적이고, 충족되고, 만족하기를 원한다면, 그런 일들이 무엇을 의미하는지에 대한 거짓된 믿음을 드러내어 내던져버리고, 성경에 있는 진리를 믿도록 헌신할 필요가 있다.

◈ **들어가기**

앞의 8가지 신앙생활의 가치들에 대해 자신의 현 상태를 나누어 봅시다.

• **내게 사는 것이...**

바울은 "내게 사는 것이 그리스도니 죽는 것도 유익함(gain)이라" (빌1:21) 라고 말합니다.

그러나
- 내게 사는 것(나의 삶의 의미)이 나의 직업이라면, 죽는 것은 ... 아무 유익이 없다(loss).
- 내게 사는 것(나의 삶의 의미)이 나의 가족이라면, 죽는 것은 ... 아무 유익이 없다(loss).
- 내게 사는 것(나의 삶의 의미)이 성공적인 기독교 사역이라면, 죽는 것은 ... 아무 유익이 없다(loss).

우리 삶의 목표가 오직 그리스도이며, 그분을 닮아가는 것일 때, 우리가 죽을 때에 그 목표에 더 가까이 가게 될 것입니다.

• 나는 무엇을 진정으로 믿는가?

12과의 부록에 있는 '나는 무엇을 믿는가'의 질문들은 당신이 실제로 믿는 것을 아는데 도움을 줄 것입니다. 당신은 실제로 믿는 것에 따라서 지금 이 시간을 살고 있습니다. 그런데, 당신에게 성공과 중요함 등을 가져다 줄 것이라고 믿는 것들이 하나님께서 말씀하시는 것과 일치합니까?

우리가 그리스도인으로서 살아갈수록, 우리의 믿음 체계가 진리에 기반을 두고 있는지를 점검하는 것은 더 중요해집니다.

① 성공: 하나님의 목표 – 성공은 올바른 목표들을 가지고 있을 때 찾아온다
당신의 인생을 향한 하나님의 목표는 당신이 누구인지에서부터 시작합니다. 이것은 하나님께서 당신을 위해 이미 행하신 일에 기초합니다(벧후1:3-10).

우리는 우리가 믿고 있는 것으로부터 시작합니다. 그러면, 우리에게 가장 중요한 일은 우리를 당신의 성품으로 빚기 원하시는 하나님의 목표들을 받아들이는 것입니다. 그러므로 힘써서 하나님의 성품 곧 선하심(덕), 지식, 절제, 인내, 경건, 형제 우애와 사랑이 우리 삶 가운데 이루어지도록 노력하는 것입니다. 하나님의 목표들에 집중할 때 하나님의 관점에서 성공할 것입니다.

하나님의 목표들에 도달하는 것은 다른 사람들이나, 재능들, 지능 또는 은사들에 달려 있지 않습니다. 모든 그리스도인들은 자신들이 그리스도 안에서 누구인지를 알 수 있고 그리스도를 닮아갈 수 있습니다.

예를 들어 여호수아에게 성공이란 전적으로 한 가지, 즉 그가 하나님의 말씀에 따라 사는지 살지 않는지에 달려 있었습니다(수1:7-8).

성공이란 우리 인생들을 향한 하나님의 목표를 받아들이고, 하나님의 은혜로 말미암아 우리를 부르신 목적대로 되어가는 것입니다.

② 중요성: 시간의 지속성 – 중요성은 올바르게 시간을 사용할 때 찾아온다

시간이 지남에 따라 잊혀지는 것은 그렇게 중요한 것이 아닙니다. 영원히 기억되는 것이야말로 매우 중요한 것입니다.

"만일 누구든지 그 위에 세운 공적이 그대로 있으면 상을 받고" (고전3:14)
"경건에 이르도록 네 자신을 연단하라 육체의 연단은 약간의 유익이 있으나 경건은 범사에 유익하니 금생과 내생에 약속이 있느니라" (딤전4:7,8)

당신의 중요함을 높이고 싶다면, 당신의 에너지들을 중요한 일에 집중하시길 바랍니다. 이것들은 영원히 남을 것입니다.

③ 성취: 역할 – 성취감은 다른 사람들을 섬길 때 찾아온다
"각각 은사를 받은 대로 하나님의 여러 가지 은혜를 맡은 선한 청지기같이 서로 봉사하라" (벧전4:10)

인생에서 이룰 수 있는 가장 큰 성취는 그리스도 안에서 우리 자신의 독특함을 발견하고, 우리의 은사들과 재능들을 다른 사람들을 세우는데 사용함으로 하나님께 영광을 돌리는 것입니다.

이것의 비결은 누구도 대체할 수 없는 우리 자신만의 역할들을 발견하고, 그 자리에서 하나님께서 원하시는 사람이 되기로 결단하는 것입니다.

④ 만족: 질적인 삶 – 만족감은 질적인 삶을 살 때 찾아온다
"의에 주리고 목마른 자는 복이 있나니 그들이 배부를 것임이요" (마5:6)

만족감은 질적인 문제이지 양적인 문제가 아닙니다. 개인적으로 만족한 삶을 사는 비결은 더 많은

일들을 하기 보다 우리가 이미 하고 있는 일들의 완성도를 높이기 위해 우리 자신을 드리는데 있습니다.

만족감은 의로운 삶을 살 때, 그리고 우리가 맺는 관계들과 우리가 하는 일들의 질을 높일 때 찾아옵니다.

> ◎ **나눔을 위한 질문**
> 방금 살펴본 내용 중에서 당신에게 의미 있게 다가오는 내용과 그 이유를 나누어 봅시다.
> 세상이 소중하다고 말하지만, 영원의 관점에서 소중하지 않은 것은 무엇입니까?
>
> 당신이 했던 어떤 일을 통해서 진정으로 만족감을 느꼈던 예를 하나 들어보십시오. 왜 그렇게 만족감을 느꼈습니까? 함께 나누어 봅시다.

⑤ 행복: 자족하는 마음 – 행복은 우리가 소유한 것을 원할 때 찾아온다
세상이 말하는 행복은 우리가 원하는 것을 소유하는 것입니다. 그러나 진정한 행복은 우리가 소유하고 있는 것을 원하는(자족하는) 것입니다.

"자족하는 마음이 있으면 경건은 큰 이익이 되느니라 우리가 세상에 아무것도 가지고 온 것이 없으매 또한 아무것도 가지고 가지 못하리니 우리가 먹을 것과 입을 것이 있은즉 족한 줄로 알 것이니라" (딤전6:6-8)

우리가 소유하지 못한 것에 집중한다면 우리는 불행할 것입니다. 그렇지만 만일 우리가 이미 가진 것의 진가를 알아보기 시작한다면, 우리는 평생 동안 행복할 것입니다.

⑥ 즐거움: 자발성(spontaneity) – 즐거움은 순간마다 인생을 즐김에서부터 온다
즐거움은 자신을 억제하는 것들을 벗어버리고 현재에 자연스럽게 반응할 때 찾아옵니다.
이것의 비결은 겉치레와 같은 비성경적인 장애물들을 제거하는 것입니다.
사람보다 하나님을 기쁘시게 하는 것이 더 즐겁습니다.

⑦ 안전: 영원한 보장 – 보장된 삶은 영원한 가치들에 집중할 때 찾아온다

우리는 스스로 통제할 수 있는 권한(또는 능력)이 없는 것들에 의지할 때 불안감을 느낍니다. 반면에 우리가 영원한 가치들에 집중할 때, 안정감을 느낍니다.

예수님은 그 누구도 우리를 자신의 손에서 빼앗을 수 없다고 하셨습니다(요10:27-29). 그리고 바울도 '그 무엇도 우리를 그리스도 안에 있는 하나님의 사랑에서 끊을 수 없다'고 선포했습니다(롬8:35-39). 당신은 이보다 더 안전한 곳을 찾을 수 있습니까?

어느 날 우리가 지금 가지고 있는 모든 것을 잃어버릴 것입니다. 짐 엘리엇은 "영원한 것을 얻기 위해 영원하지 않은 것을 버리는 자는 바보가 아니다."라고 말했습니다. (참고. 빌3:7,8)

⑧ 평안: 내적 갈등 해결 - 평안은 내면의 폭풍을 잠잠하게 할 때 찾아온다

만일 우리가 외적인 상황에서 평안을 찾으려고 한다면 실망하게 될 것입니다.
하나님의 평안은 내적이지, 외적인 것이 아닙니다.

하나님과의 평안은 이미 우리가 소유하고 있습니다(롬5:1). 하나님의 평안은 우리의 속사람이 매일 붙잡아야 하는 것입니다.

외적 세상의 풍파 가운데서도 우리는 하나님의 내적 평안을 누릴 수 있습니다.

"나의 평안을 너희에게 주노라 내가 너희에게 주는 것은 세상이 주는 것과 같지 아니하니 너희는 마음에 근심하지도 말고 두려워하지도 말라" (요14:27)

• 오늘은 당신의 남은 인생 여정의 첫째 날이다

믿음으로 살아가는 것은 매일 하나님께서 말씀하신 것이 진리임을 믿기로 결단하고, 성령의 능력으로 살아가는 것을 말합니다. 당신은 다음과 같은 확실한 진리를 기반으로 남은 생을 살아갈 수 있습니다.

- 당신은 하나님의 자녀이며, 하나님은 당신을 기뻐하신다.
- 당신의 현재 상황이 어떠하든지, 하나님께서는 당신의 삶에 깊은 관심을 가지시고 계시며,

당신에게 소망과 미래를 주실 계획들을 가지고 계신다. (렘29:11)
- 그 무엇도, 그 누구도 하나님께서 원하시는 당신의 모습이 되어 가는 것을 막을 수 없다.
이것은 오로지 당신의 인생을 향한 하나님의 계획을 받아들이는 당신의 결단에 달려 있다.
- 이것은 당신이 무엇을 하는가보다도 당신이 누구를 닮아가느냐에 대한 것이다.

아래 글은 하나님의 말씀에 따라 하나님을 믿기로 선택한 사람(작가 미상)이 쓴 글입니다.

저는 '부끄러워하지 않는 사람들의 모임'에 속해 있습니다. 저에게는 성령의 능력이 있습니다. 주사위는 던져졌습니다. 저는 선을 넘어왔고 결정은 이미 내려졌습니다. 저는 그분의 제자입니다. 저는 뒤돌아 보지도 않고, 내버려 두지도 않고, 속도를 늦추지도 않고, 뒤로 물러서지도 않고, 가만히 있지도 않을 것입니다. 저의 과거는 만회할 수 있는 기회를 얻게 되었고, 저의 현재는 의미있는 시간이며, 저의 미래는 그리스도 안에서 보장되어 있습니다. 저는 저급한 생활, 보이는 것만 믿기, 작은 계획, 기도하지 않는 습관, 의미없는 꿈, 보잘것 없는 비전, 진부한 이야기, 인색한 기부, 그리고 왜소한 목표들을 버렸습니다.

저는 더 이상 탁월함, 풍요, 지위, 승진, 박수들과 인기가 필요하지 않습니다. 저는 옳거나, 1등이 되거나, 정상이 되거나, 인정받거나, 칭찬받거나, 존경받거나 보상받을 필요가 없습니다.
저는 현재를 살고, 믿음을 의지하고, 인내로 사랑하고, 기도를 드리고, 능력으로 일합니다.
저는 (죄와 사망에) 팔려갈 수 없고, 타협할 수 없으며, 우회할 수 없고, 유혹당할 수 없고, 되돌릴 수 없고, 세상에 희석될 수 없고, 지연될 수 없습니다. 저는 희생 앞에서 움츠러들거나, 역경 앞에서 주저하거나, 적의 테이블에서 협상하거나, 인기의 늪에서 고민하거나, 적당함의 미로에서 헤매지 않을 것입니다.

저는 그리스도를 위해 말씀을 전파하고, 기도하고, 대가를 지불하고, 쌓아가고, 깨어있을 것이고 결코 포기하지 않으며, 잠잠하지 않으며, 약해지지 않으며, 나가 떨어지지 않을 것입니다.

저는 예수님의 제자입니다. 저는 그분이 오실 때까지 나아가야 하며, 떨어질 때까지 주어야 하며, 모두가 알기까지 전해야 하며, 그분이 멈추실 때까지 일해야 합니다.
그리고 예수님께서 자신의 사람들을 찾으러 오실 때, 그분은 저를 알아보시는데 전혀 문제가 없을 것입니다. 왜냐하면 저의 색깔은 분명할 것이기 때문입니다.

우리가 하나님을 위해 하는 일은 그분의 인정을 받거나, 우리 스스로를 증명하려고 하는 것이 아닙니다. 이것은 단지 우리가 하나님을 사랑하기 때문입니다. 그리고 하나님께서 우리를 먼저 사랑하셨기 때문입니다.

당신의 남은 인생이 당신 앞에 펼쳐져 있습니다. 당신은 하나님께서 원하시는 사람이 될 수 있습니다. 그 무엇도, 그 누구도 당신의 길을 막을 수 없습니다!

♣ 증거하기

이 과에서 배운 8가지 신앙생활 지침 중 당신에게 중요시 되는 것 두 개를 선택해 보십시오. 이 두 개의 지침이 당신 주위의 안 믿는 지인들에게 선한 영향을 주기 위해 당신이 힘써야 할 바는 무엇입니까?

♣ 이 과정을 마무리하며

1. '나는 무엇을 믿는가?'의 8개 영역 중 어떤 것이 당신에게 가장 어려운 부분인지 생각해보십시오. 다음 페이지의 '믿음의 삶을 위한 하나님의 가이드라인'에서 해당 영역과 관련된 구절을 읽는 시간을 가져 보십시오. 이것들을 당신의 마음을 새롭게 하기 위한 **견고한 요새**를 부수는 도구로도 사용할 수 있을 것입니다.

2. 앞으로 당신의 삶과 신앙여정에 대해 기대하고 소망하는 바를 나누어 보도록 합시다.

믿음의 삶을 위한 하나님의 가이드라인

- 성공은 올바른 목표들을 가지고 있을 때 찾아옵니다.
  성공이란 우리 인생들을 향한 하나님의 목표를 받아들이고, 하나님의 은혜로 말미암아 우리를 부르신 목적대로 되어가는 것입니다. (수1:7,8; 벧후1:3-10; 요삼2)

- 중요성은 올바르게 시간을 사용할 때 찾아옵니다.
  시간이 지남에 따라 잊혀지는 것은 그렇게 중요한 것이 아닙니다. 영원히 기억되는 것이야말로 매우 중요한 것입니다. (고전3:13; 행5:33-40; 딤전4:7,8)

- 성취감은 다른 사람들을 섬길 때 찾아옵니다.
  성취감은 그리스도 안에서 우리 자신의 독특함을 발견하고, 우리의 은사들과 재능들을 다른 사람들을 세우는데 사용함으로 하나님께 영광을 돌리는 것입니다.
  (딤후4:5; 롬12:1-18; 마25:14-30)

- 만족감은 질적인 삶을 살 때 찾아옵니다.
  만족감은 의로운 삶을 살 때, 그리고 우리가 맺는 관계들과 우리가 하는 일들의 질을 높일 때 찾아옵니다. (마5:5; 잠18:24; 딤후4:7)

- 행복은 우리가 소유한 것을 원할 때 찾아옵니다.
  행복은 우리가 소유하지 못한 것에 집중하기보다는 이미 우리가 소유한 것에 대해 감사하는 태도를 가지는 것입니다. 왜냐하면, 자신들이 소유한 것을 원하는(자족하는) 사람들은 행복하기 때문입니다. (빌4:12; 살전5:18; 딤전6:6-8)

- 즐거움은 삶의 순간 순간을 즐길 때 찾아옵니다.
  이것의 비결은 겉치레와 같은 비성경적인 장애물들을 제거하는 것입니다.
  (삼하6:20-23; 갈1:10, 5:1; 롬 14:22)

- 안전은 영원한 가치들에 집중할 때 찾아옵니다.
  불안은 영원한 것이 아닌 사라질 것들을 의지할 때 찾아옵니다. (요10:27-30; 롬8:31-39; 엡1:13,14)

- 평안은 내면의 폭풍을 잠잠하게 할 때 찾아옵니다.
  하나님의 평안은 내적이지, 외적이지 않습니다. (렘6:14; 요14:27, 빌4:6,7; 사32:17)

FICM (Freedom in Christ Ministries) 사역 소개

Freedom in Christ 사역은 미국 탈봇신학교 실천학부 교수로 재직하고 있었던 닐 앤더슨(Neil T. Anderson) 박사에 의해 1989년에 설립되었다(www.ficm.org). 그는 그리스도인들이 제자로 성장하는 데 있어 개인적이고도 영적인 갈등들을 극복하는 일, 특별히 그리스도 안에서 자유를 경험하며 열매 맺는 삶을 살아가는 일에 실제적인 도움이 필요함을 깨달았다. **그리스도 안에서 자유를 위한 7 steps**(The Steps to Freedom in Christ) 과정을 고안해 내었고, 진리대결로서의 영적 전투를 통해 그리스도 안에서 자유를 누리며 열매 맺는 그리스도인으로서 성장하도록 돕는 사역으로 발전시켰다. 닐 앤더슨은 이후 100여 권의 책을 저술하며 이론적 실천적 토대를 지속적으로 제공함으로써 그 사역이 크게 성장하였다.

2004년에 영국의 스티브 고스(Steve Goss)를 영입하여 함께 자료를 개발하며 국제사역을 개척하였고 2012년 스티브 고스를 국제사역 책임자로 세워 현재 45개국에서 사역을 펼치고 있다(www.ficminternational.org). **그리스도 안의 자유** 과정 외에도 그레이스 과정과 중고등부 제자훈련 그리고 리더쉽 과정인 Freed To Lead 를 개발 보급하는 등 역동적 사역을 펼쳐가고 있다.

한국에서는 2013년 스티브 고스가 한국을 방문하여 첫 세미나를 개최하면서 아름드리교회 (www.ad2009.org) 중심으로 번역 작업을 진행하며 사역을 준비하여 왔다. 한국어 번역 작업을 하며 교회 사역에 반영하기까지 여러 우여곡절을 겪으며 수년의 시간을 고투한 끝에 FICM Korea 사역을 출범하게 되었다. (FICM 관련사역 문의: 070-7768-0922)

국내에 번역 소개된 닐 앤더슨의 주요저서

- 기본개념서
  『내가 누구인지 이제 알았습니다』, 죠이선교회
  『이제 자유입니다』, 죠이선교회
  『이제 시작입니다』, 죠이선교회

- 진리대결로서의 영적전투 가이드
  『영적전쟁 이렇게 하라』, 쉐키나
  『그리스도인의 특권』, 생명의 말씀사
  『그리스도 안에서 자유함을 얻었습니다』, 은성
  『사탄으로부터 우리 아이 구출하기』, 은성
  『화해』, 아가페 북스

- 견고한 요새 부수기 세부적용 가이드
  『부정적인 자아상을 극복하기 위한 내가 누구인지 이제 알았습니다』, 죠이선교회
  『중독행동을 극복하기 위한 내가 누구인지 이제 알았습니다』, 죠이선교회
  『자기 의심을 극복하기 위한 내가 누구인지 이제 알았습니다』, 죠이선교회
  『우울증을 극복하기 위한 내가 누구인지 이제 알았습니다』, 죠이선교회
  『자유함』, NCD

- 사역적 차원의 적용 가이드
  『그리스도 안에서 자유하도록 도우십시오』, 생명의 말씀사
  『교회문제 이렇게 해결하라』, 은성
  『부흥의 혁명』, 서로사랑
  『하나님의 뜻대로 인도받는 삶』, 베다니 출판사
  『신앙 밸런스』, CLC

- 기타
  『마음에 어두움을 몰아내라』, 은성
  『예수님 안에서 나는 누구일까』, 국제 윙윙스쿨

그리스도 안의 자유
참가자 가이드

발행처	도서출판 항상기도
발행일	2023년 9월 01일 초판 2쇄
지은이	닐 T. 앤더슨, 스티브 고스
번역	FICM Korea 자료개발팀
디자인	디자인파크
인쇄	공간코퍼레이션
편집/교정	손설이 외
펴낸곳	도서출판 항상기도
신고번호	제2019-000042호 (2014년 11월 19일 신고)
전화	070-7768-0922 / 010-9918-8484
e-mail	blanca01@naver.com
ISBN	979-11-967870-1-1

YouTube에서 강의 영상을 보실 수 있습니다.
www.youtube.com/@ficmkorea7150

* 본 책의 모든 내용과 이미지, 디자인, 편집 구성에 대한 저작권은
　도서출판 항상기도에 있으며, 서면 인가 없이 복제 및 사용할 수 없습니다.